L'ORACLE ENCHANTÉ DES CONTES DE FÉES

Autres titres d'Émilie Porte
également disponibles aux Éditions Grancher :

Coffret L'Oracle Fontaine : le livre et le jeu de 39 cartes

Coffret Vos rêves et leurs secrets : 34 cartes et 1 livre

Le Tirage en croix du Tarot de Marseille

Retrouvez Émilie Porte sur son site :
www.emilieporte.fr

Ce livre ne peut être vendu séparément du coffret

ISBN du coffret : 978-2-73391-550-9

Graphisme de la couverture : Maxime Copija
Maquette : Caroline Robin
Imprimé en Chine par Toppan

Groupe Piktos
355 rue de la Montagne Noire
31750 Escalquens
Tél. : 05 61 00 09 86
www.grancher.com
grancher@piktos.fr

Émilie Porte

Illustrations de Sylvaine Dumesnil

L'Oracle enchanté des contes de fées

Grancher

Éditions

SOMMAIRE

CHAPITRE 1

IL ÉTAIT UNE FOIS… L'ORACLE ENCHANTÉ DES CONTES DE FÉES

CHAPITRE 2

INTERPRÉTATION DES CARTES

CHAPITRE 3

LES TIRAGES

« Les contes de fées, c'est comme ça.
Un matin, on se réveille.

On dit "Ce n'était qu'un conte de fées..."

« On sourit de soi.
Mais au fond, on ne sourit guère.

On sait bien que les contes de fées,
c'est la seule vérité de la vie. »

ANTOINE DE SAINT-EXUPÉRY
Lettres à l'inconnue

« Car vous savez que je suis
moi-même un labyrinthe,
où l'on s'égare facilement. »

CHARLES PERRAULT

Chapitre 1

Il était une fois...

L'Oracle enchanté des contes de fées

L'univers des contes, riche et profond, nous ramène au temps « d'avant » quand les ogres et les sorcières hantaient les forêts, quand les grenouilles se transformaient en princes charmants et que les miroirs parlaient…
Pourtant, rien n'a changé. Nous croisons toujours les figures de l'ogre, insatiable et avide, de la sorcière qui déplaît en disant « non », de la fée protectrice. Nous affrontons encore le dragon de nos peurs, qui défend l'accès à nos richesses intérieures, nous nous égarons dans la forêt de notre inconscient ou nous rencontrons l'amour salvateur, celui qui sait reconnaître la beauté de Cendrillon sous ses haillons.
Dans cet oracle, les contes s'offrent à nous, et leur âme enchantée imprègne encore tous les moments de notre vie.

LES INSPIRATEURS DE CE JEU : CHARLES PERRAULT, LES FRÈRES GRIMM ET HANS CHRISTIAN ANDERSEN

Les contes merveilleux sont les descendants des mythes et légendes, ces histoires aux motifs universels. De tradition orale à l'origine, ils étaient transmis lors des veillées populaires et familiales. Les premières transcriptions écrites apparaissent à la Renaissance italienne, mais c'est au XVIIe siècle que Charles Perrault s'en inspire et les mêle habilement à des « contes de nourrices ». Il en fait un genre littéraire qui deviendra très à la mode à la cour de Louis XIV et fera de nombreux émules, comme Mme Leprince de Beaumont dont *La Belle et la Bête* connaîtra un grand succès.

Au XIXe siècle, les frères Grimm, désireux de conserver leur patrimoine national, procèdent à une collecte des contes populaires allemands. En parallèle, l'auteur romantique danois H. C. Andersen écrit de nombreux contes merveilleux très personnels et ancrés dans la société

contemporaine. Ironiques, tendres ou tragiques, ses récits sont toujours insolites.
Nombre de contes écrits ou recueillis par ces auteurs ont été repris, et souvent modifiés, par le cinéma. C'est pourquoi vous ne devez pas vous étonner de constater des différences entre les versions que vous connaissez et celles qui figurent dans ce livre.

LES CONTES, DES HISTOIRES QUI RASSURENT

Les contes nous plongent dans un monde hors du temps et de l'espace, peuplé de créatures étonnantes, bienveillantes ou prédatrices. Dans cet univers merveilleux, souvent inquiétant, les objets s'avèrent magiques, les lieux sont enchantés, les animaux parlent, les fées apparaissent et disparaissent prestement...
C'est dans ce contexte que le personnage principal traverse d'incroyables aventures qui constituent le cœur du récit. En partant le plus souvent d'une situation familiale difficile : enfance martyr (Cendrillon), inceste (Peau d'Âne), abandon par les parents (Le Petit Poucet)... il doit surmonter une série d'épreuves pour se construire. Il affronte des êtres dangereux qui veulent sa perte, mais bénéficie d'aides magiques. Par son courage, sa bonté ou sa ruse, il finit par triompher et atteindre la stabilité et le bonheur.
Les contes transmettent un message rassurant, destiné à tous : les difficultés de la vie sont inévitables, mais il est possible de les surmonter en puisant dans ses ressources intérieures et en sachant demander de l'aide.

DES RÉCITS INITIATIQUES

Toutes ces histoires mettent en scène le passage de l'enfance à l'âge adulte quand le héros quitte le foyer familial pour aller à la quête de son identité. Au fur et à mesure du récit, il avance dans la construction de sa personnalité jusqu'à son épanouissement final. Le conte merveilleux symbolise aussi le parcours initiatique de l'être qui part à la recherche du Soi, de son essence profonde et qui, chemin faisant, se confronte aux expériences de la vie. Il fait courageusement face à ses peurs et à ses émotions négatives, acquiert la lucidité qui lui permet de voir ses conditionnements, c'est-à-dire son ego. Il apprend à recevoir du secours sans perdre son autonomie et découvre comment s'aider lui-même. S'il s'égare, trébuche ou se détourne un temps de sa voie, sa lumière intérieure le remet sur le bon chemin. La fin triomphale du conte le montre enfin libéré de ses problématiques, enrichi de ses expériences. Sa conscience s'est ouverte, somptueusement déployée, et dans ses retrouvailles avec sa nature profonde, il découvre la joie d'Être. La magie du conte s'est accomplie.

L'ORACLE ENCHANTÉ DES CONTES DE FÉES : QUEL EST LE CONTE DE NOTRE VIE ?

Il était une fois… ainsi commence l'histoire dont nous sommes le héros ou l'héroïne. Cette première carte du jeu présente des éléments de vie, des personnages, des situations qui seront rencontrées, expérimentées jusqu'à l'aboutissement de la dernière carte **Poucette - Cœur épanoui**.

À travers ces trente-six lames, comme autant d'étapes vers nous-même, nous allons affronter le dragon, manier la clef interdite, nous enfermer dans notre tour, enfiler les bottes de sept lieues… Des aventures passionnantes nous attendent et nous savons que nous ne serons plus la même personne à la fin du conte.

PRÉSENTATION DU LIVRE

Chaque carte, ou lame, est présentée dans un chapitre qui évoque le ou les contes qui lui sont associés, en détaille la symbolique (favorable ou défavorable selon sa place dans un tirage ou, dans certains cas, sa position à l'endroit ou à l'envers) et donne des éléments d'interprétation par domaine de vie (affectif, professionnel, forme). Une approche de son enseignement spirituel nous rappelle la portée mystique des contes. Enfin, des associations de cartes proposent des exemples concrets d'interprétation. Ceux-ci sont arbitrairement positifs ou négatifs afin d'illustrer différentes logiques de ces rencontres. À ces variations sur un même thème, vous pouvez bien sûr ajouter votre propre regard interprétatif.
La partie consacrée aux tirages donne quelques clefs pour s'approprier les cartes et réussir au mieux les interprétations. Elle propose divers types de tirages assortis de nombreux exemples.

Et maintenant, laissons les contes de fées nous emmener à la découverte de nous-même…

Chapitre 2

Interprétation des cartes

1

IL ÉTAIT UNE FOIS…

J'ENTAME UN NOUVEAU CHAPITRE DE MA VIE

LE CONTE

« Il était une fois… », c'est par cette formule rituelle que commencent les contes de fées. L'héroïne ou le héros apparaît, et l'histoire peut commencer. Des aventures, des découvertes et des épreuves les attendent, mais nous savons qu'ils ressortiront victorieux et enrichis à la fin de l'histoire.

SYMBOLIQUE

Il était une fois… cette carte, comme la première page d'un livre, ouvre sur une histoire, notre histoire. Quel nouveau chapitre de notre vie entamons-nous ?
L'image s'orne des fleurs de printemps, quand la nature reverdit au sortir de l'hiver et qu'elle nous offre sa fraîcheur dans un renouveau joyeux.
Il était une fois… célèbre l'exaltation des débuts, dans l'enthousiasme et parfois la maladresse. Tout devient possible, et les petites vignettes de cette carte annoncent de futures expériences, des aventures, des rencontres.

Que dois-je commencer, expérimenter ?

Avec **Il était une fois…**, quelque chose de neuf pointe en nous-même ou dans notre existence. Allons-nous reconnaître le potentiel qui se révèle et accepter ces perspectives qui s'ouvrent devant nous ?

ÉLÉMENTS D'INTERPRÉTATION

*Si **Il était une fois…** vous favorise :*

Vous prenez conscience de votre potentiel, de celui d'une personne ou d'une situation. Les expériences sont accueillies avec curiosité et enthousiasme. Vous réagissez avec fraîcheur à une situation inédite, vous vous adaptez, vous saisissez les opportunités. Envies et projets jaillissent spontanément.

Vous débutez une formation, un travail, une relation, et vous acceptez de ne pas tout maîtriser.

*Si **Il était une fois…** s'oppose à vous :*

Tout reste à l'état de projet, ce qui est commencé n'aboutit pas, seule la nouveauté intéresse.
L'irresponsabilité, le manque d'expérience et de maturité compliquent une situation.
Vous vous dispersez, vous gaspillez vos chances, un sujet n'est pas assez approfondi.
Un potentiel est nié, il n'est pas perçu ou reste inutilisé.

Affectif

Le cœur est toujours jeune, vous êtes disponible à l'amour. Un nouveau chapitre de votre vie affective est sur le point de s'écrire, un sentiment est aussi frais qu'au premier jour.
Une amitié s'amorce, une rencontre vous fait porter un regard neuf sur l'existence.
La naissance d'un enfant modifie agréablement votre vie.

Une rencontre ne se fait pas ou n'aboutit à rien, un sentiment ne se concrétise pas.
Vous perdez votre temps avec une personne instable et immature, qui ne goûte que l'excitation des débuts. Vous passez à côté d'une amitié naissante, de la possibilité d'un amour.
Un projet d'enfant ne se réalise pas pour l'instant.

✦ *Professionnel*

Un apprentissage, une formation, une reconversion vous enthousiasment.
Vous savez faire valoir votre potentiel et celui de vos projets. Vous débutez dans un emploi, vous créez une société. Vous tentez une méthode de travail inédite, vous expérimentez une création, vous innovez.

Votre formation est insuffisante, l'inexpérience vous dessert, vous gaspillez votre énergie dans des projets qui ne se concrétisent pas.
Les responsabilités ne sont pas assumées, un potentiel demeure inutilisé, vous restez devant une page blanche.

✦ *Forme*

Un rapport inédit avec votre corps se met en place, vous percevez son potentiel d'autoguérison.
Vous débutez une activité sportive, vous testez une nouvelle approche alimentaire.
Un traitement semble prometteur, un problème de santé est abordé sous un angle neuf, une convalescence est vécue comme une nouvelle naissance.

Consulter sans cesse de nouveaux soignants, essayer des traitements inédits ne résout rien. Un thérapeute s'avère inexpérimenté.
Des régimes successifs ne remplacent pas une alimentation équilibrée.
Il est temps de faire confiance à la capacité de régénération de votre corps.

L'ENSEIGNEMENT SPIRITUEL DE IL ÉTAIT UNE FOIS...

Cette carte invite à aborder chaque instant de la vie avec curiosité et fraîcheur. Quand on est dans le printemps de l'âme, toute situation apparaît neuve et intéressante. Au lieu d'y réagir selon des modes de fonctionnement stéréotypés, il devient possible de lui apporter une réponse personnelle et adaptée.
Il était une fois... célèbre la liberté de l'être qui se détache de ses conditionnements pour vivre la spontanéité de l'instant, et fait de son quotidien une aventure merveilleuse.
À tout moment, à tout âge, la vie devient un champ d'expérimentation et de découvertes.
Comme l'héroïne ou le héros du conte entame son cheminement initiatique, une personne fait ses premiers pas sur le chemin de l'évolution. Elle s'élance en confiance, et le chemin s'ouvre devant elle, page blanche sur laquelle s'inscrira son devenir.

C'est la partie de nous qui a gardé sa fraîcheur d'âme.

Potentiel, spontanéité, ouverture, curiosité, découverte, expérimentation, apprentissage, jeunesse de cœur et d'esprit.

Inexpérience, immaturité, maladresse, précipitation, irresponsabilité, gaspillage, dispersion.

ASSOCIATIONS DE CARTES

✦ Avec **2. Rose d'épine**, un projet intéressant reste embryonnaire ; un sentiment amoureux qui s'amorce a besoin de temps pour évoluer.

✦ Avec **16. Dragon - Adversaire**, vous entamez un combat pour une cause qui vous galvanise ; vous tentez de vous défendre de la passion qui s'éveille en vous.

✦ Avec **22. Couleur du temps**, la relation qui commence ne se pliera à aucune règle ; vous débutez des exercices de souplesse corporelle ; une nouvelle mode passe comme un souffle.

2 ROSE D'ÉPINE

CE QUI SOMMEILLE EN MOI VA-T-IL SE RÉVEILLER ?

LE CONTE

Victime d'un maléfice, la Belle au Bois dormant, aussi appelée Rose d'épine, se pique le doigt sur un fuseau et s'endort pour cent ans. Durant son sommeil, une ceinture de piquants pousse autour du château. Elle isole la jeune fille et son entourage du monde extérieur.
Les prétendants qui tentent de forcer le passage y trouvent la mort, mais quand le Prince charmant se présente, la haie d'épines s'écarte d'elle-même, et la princesse peut se réveiller.

SYMBOLIQUE

L'épine est la protection naturelle de la plante, elle symbolise une difficulté d'accès, une défense. Ce qui n'est pas encore prêt à éclore, à être vu ou su doit être protégé.
La ceinture de piquants délimite un enclos sacré, un territoire interdit. Une barrière est érigée entre soi et les autres, et l'on se protège derrière un abord rugueux, une aimable indifférence, une attitude irréprochable, une technicité, une compétence…
Rose d'épine signale une période de repli sur soi. Une situation n'est pas mûre, tout semble immobilisé.

Qu'est-ce que je protège sans nécessité ?

Un engourdissement met à distance les émotions douloureuses, une personne se protège trop pour être accessible.
Bien vécue, **Rose d'épine** évoque une silencieuse maturation intérieure.
Quand le moment sera venu, un obstacle s'effondrera de lui-même, l'entendement viendra à la conscience, un secret pourra être révélé, un projet verra le jour. Le rose reviendra aux joues de la Belle au Bois dormant, et la fleur d'épine pourra éclore.
Avec cette carte, rien n'est joué, il est préférable de la recouvrir d'une autre lame quand elle apparaît en réponse à une question.

ÉLÉMENTS D'INTERPRÉTATION

*Si **Rose d'épine** vous favorise :*

Vous traversez une période de maturation, une activité intérieure portera des fruits plus tard, un empêchement s'avère utile.
Une idée, un projet, un enfant est en gestation. Vous accueillez et respectez son évolution.
Vous avez besoin de vous isoler momentanément du monde extérieur. Vous appréciez un temps de repos, même contraint. Un sentiment secret commence à s'éveiller.

*Si **Rose d'épine** s'oppose à vous :*

Un projet n'évolue pas, une situation est bloquée, des démarches ne mènent à rien. Vous vous heurtez à un secret. Un obstacle barre la route, vous êtes dans une impasse.
Un sentiment, une émotion fige sur place. Vous n'arrivez pas à réagir et vous en souffrez.
Trop se protéger inhibe, fait paraître insensible, indifférent. Un tabou crée une limite infranchissable, vous traversez un moment de solitude.

Affectif

Une pause relationnelle et sentimentale est bienvenue. Une affection reste discrète, un sentiment mûrit intérieurement, un attachement s'instaure à votre insu.
Vous attendez patiemment le bon moment pour révéler vos sentiments, vous gardez un tendre secret. Un projet de couple est embryonnaire. Un amour caché apporte le bonheur.

Vous n'avez pas envie de sortir de votre coquille, vous êtes trop timide, vous attendez que l'autre fasse le premier pas.
La personne qui vous attire n'est pas ouverte à l'amour. Elle ne reconnaît pas ses sentiments, son cœur est « en hiver », elle se protège trop pour accepter des relations plus intimes.

✦ *Professionnel*

Un projet, une idée est en gestation. Une étude s'élabore sur le long terme, vous prenez le temps de peaufiner vos arguments, une recherche portera ses fruits plus tard. Vous travaillez sur un dossier confidentiel. Devoir mettre une activité en sommeil vous soulage.

Une évolution professionnelle est empêchée, un projet est bloqué, un travail n'avance pas. L'excès de stress paralyse. Votre vocation ne se révèle pas.
Une personne de votre entourage est inefficace, agressive ou peu collaborative, la communication est difficile, les informations sont bloquées.

✦ *Forme*

Un temps de repos est nécessaire, une cure de sommeil vous ressource. Vous subissez une anesthésie bien maîtrisée, votre convalescence suit son cours. Vous faites un travail introspectif. Vous attendez un enfant.

Il vous est difficile d'exprimer votre malaise, un problème se développe en silence. Une maladie enferme, une mise en quarantaine est déclarée. Le sommeil est compliqué. Un comportement est passif-agressif.

L'ENSEIGNEMENT SPIRITUEL DE ROSE D'ÉPINE

Rose d'épine révèle une part endormie de nous-même, que nous ne sommes pas encore prêt à laisser s'éveiller.
Illusoire protection, cette haie d'épines représente les attachements à nos fonctionnements douloureux, que nous croyons être notre personnalité. Pourtant, la vie enseigne qu'en nous appuyant sur notre force intérieure, cette conscience encore en sommeil, nous pouvons comprendre qu'il n'y a rien à protéger et laisser alors tomber nos défenses.
Quand la princesse est prête à se réveiller, la haie d'épines s'ouvre, et le prince peut enfin la rejoindre. De même, quand nous reconnaissons l'emprise de notre ego, la lumière de la conscience peut arriver jusqu'à nous et apporter l'éveil. Alors se produit l'union sacrée du yin et du yang, du féminin et du masculin, qui manifeste l'unité.

C'est la partie de nous qui est en gestation.

Maturation, gestation, attente féconde, protection, pause, patience, discrétion, pudeur, doux secret.

Blocage, empêchement, retard, inertie, inefficacité, timidité, inhibition, indifférence, insensibilité, égoïsme, fatigue, solitude, dissimulation.

ASSOCIATIONS DE CARTES

✦ Avec **17. Fée**, vous trouvez des solutions créatives pour débloquer une situation ; vous vous enfermez dans votre vie imaginaire.

✦ Avec **25. Ogre**, un projet qui était en sommeil prend toute son expansion ; vous commencez à vous sentir à l'étroit derrière vos protections.

✦ Avec **34. Table dressée**, vous surmontez votre timidité pour inviter à dîner une personne qui vous plaît ; vous présentez un embryon de projet au cours d'un repas d'affaires.

3 PAROLES

MA PAROLE VIENT DU CŒUR

LE CONTE

Dans *Les Fées*, une jeune fille rencontre une pauvre femme près d'une fontaine et l'aide à boire. Il s'agit en réalité d'une fée qui, pour la remercier, fait sortir de sa bouche une fleur ou une pierre précieuse à chacune de ses paroles. Sa demi-sœur, espérant la même chance, se rend à son tour à la fontaine. Elle y trouve une femme richement vêtue et se montre désagréable envers elle. La fée, car c'est toujours elle, la punit : tous les mots qu'elle prononcera désormais seront accompagnés de serpents ou de crapauds.

SYMBOLIQUE

La parole favorise les échanges, permet d'exprimer ses idées, ses sentiments.

Ici, deux personnes se font face, elles conversent, négocient ou s'affrontent... Des roses, des crapauds et des pierres précieuses sortent de leurs bouches, mais qui parle ? Ce qui est dit est-il vraiment ce qui est entendu ?

Au centre ondule le serpent du caducée : la parole peut aussi guérir, transformer. Les profils des protagonistes ont d'étranges similitudes, peut-être s'agit-il

d'une seule et même personne aux prises avec son monologue intérieur.
Dans le ciel, les étoiles interreliées d'une constellation évoquent un raisonnement rapide, une pensée obsessionnelle… ou le monde des réseaux sociaux.
Une comète apporte un message, une idée, un contact. Elle évoque aussi le mot qui fait mouche, qui détend une situation et ouvre une respiration quand le dialogue est bloqué.
Mais si la pensée peine à s'exprimer clairement, si la parole est retenue, agressive ou fausse, les échanges perdent leur beauté et leur authenticité.

ÉLÉMENTS D'INTERPRÉTATION

*Si **Paroles** vous favorise :*

Les idées et les sentiments s'expriment avec fluidité. Vous savez expliquer, transmettre. Vous utilisez les réseaux sociaux avec discernement.
Vous avez une bonne écoute, le goût de l'échange et l'argumentation subtile. Une discussion est constructive, un trait d'humour détend les esprits. Une idée brillante surgit. Une bonne nouvelle vous réjouit.
La parole vient du cœur, les mots guérissent et consolent.

*Si **Paroles** s'oppose à vous :*

La parole est un outil de pouvoir, de manipulation ou de destruction.
Des propos sont irréfléchis, alambiqués et parfois socialement codifiés.
Ils servent à combler un vide intérieur, à occuper l'espace.
Le monologue intérieur est incessant, de pénibles idées obsessionnelles vous envahissent. Vous vous retrouvez dans un dialogue de sourds. Les réseaux sociaux vous débordent. Vous recevez de mauvaises nouvelles.

◇◇◇◇◇◇◇◇◇◇

✦ *Affectif*

Vous êtes sensible au charme de l'intelligence. Vous débutez un agréable flirt, vous faites une belle rencontre sur les réseaux sociaux. L'humour et la complicité vous unissent à une personne.
Votre cœur vous inspire des mots tendres, des promesses sincères, une déclaration d'amour.
Vous échangez facilement avec votre partenaire, vous faites des projets à deux. Une explication approfondit une relation.

Une séduction n'ira pas au-delà des mots, des serments d'amour sont insincères, les échanges sur les réseaux sociaux sont vides de sens.

Vous ne parvenez pas à communiquer avec l'autre. L'agressivité, les non-dits, les mensonges minent votre couple. L'un des partenaires prend le pouvoir par la parole.

✦ *Professionnel*

La communication est fluide, une réunion s'avère constructive, des échanges de qualité font avancer un dossier.
Vous êtes à l'aise à l'oral, vous savez convaincre, négocier, défendre un projet avec efficacité. Vous vous appuyez sur les réseaux sociaux pour développer votre activité.

Vos idées passent mal, vous n'arrivez pas à vous faire entendre, une réunion ne mène à rien, des disputes éclatent. Une campagne de communication est inefficace.
Des propositions manquent de substance, les informations ne sont pas fiables, des négociations n'aboutissent pas. Méfiez-vous des imprudences sur les réseaux sociaux.
Un travail tourne à l'obsession.

✦ *Forme*

Une thérapie par la parole libère d'un poids psychologique, faire partie d'un groupe de parole vous réconforte. Être vraiment entendu par votre soignant favorise la guérison.
L'ouïe ou l'expression orale s'améliorent. Les différentes facettes de votre personnalité dialoguent et s'équilibrent.

Vous n'arrivez pas à décrire simplement vos symptômes, votre thérapeute n'est pas à l'écoute.
L'expression orale est malaisée, vous avez un problème d'audition. Vous souffrez de pensées obsessionnelles.

L'ENSEIGNEMENT SPIRITUEL DE PAROLES

Les mots, porteurs d'énergie, peuvent être des armes autant que des messagers du cœur. Ainsi, la parole peut créer ou détruire, éclairer ou troubler, libérer ou asservir. Elle véhicule parfois de fausses croyances, des jugements qui peuvent se retourner contre soi. Mais qui parle quand nous parlons ? Quand nos propos sont dictés par nos peurs, nos attentes ou nos souffrances, ils se déversent sur l'autre comme un poison. **Paroles** nous invite à laisser venir les mots depuis la conscience. Quand le mental est aligné au divin, le cœur s'exprime et les paroles véhiculent l'énergie d'amour. Elles surgissent spontanément, toujours adaptées à la situation, et communiquent leur pouvoir guérisseur. Avec **Paroles**, l'épuisant dialogue intérieur peut cesser pour laisser place à la détente et la vitalité. L'écoute devient très ouverte, débarrassée du filtre par lequel nous parvient habituellement le monde. Nous pouvons alors entendre vraiment l'autre et goûter la douceur de le rencontrer par-delà des mots.

C'est la partie de nous qui laisse les mots venir du cœur.

Échanges, communication, médiation, transaction, négociation, information, éloquence, persuasion, humour, mots doux, serment, écoute, confidences.

Verbiage, logorrhée, dispute, mutisme, parole maladroite, ressassement, manque d'écoute, insinuation, médisance, rumeur, mensonge, manipulation verbale.

ASSOCIATIONS DE CARTES

✦ Avec **10. Rouet - Cycle**, un échange tourne en rond ; une pensée devient obsessionnelle ; une réunion permet de faire le tour d'une question.

✦ Avec **11. Miroir magique**, c'est le miroir aux alouettes des réseaux sociaux ; une personne s'écoute parler ; une discussion vous oblige à vous remettre en question.

✦ Avec **15. Loup**, de belles paroles cachent un piège ; vous persuadez un collaborateur d'épouser vos intérêts ; une dispute de couple se termine sur l'oreiller.

✦ Avec **35. Sous la mer**, un silence est éloquent, vous « noyez le poisson » ; vous participez à une déclamation de poésie ; vous dites à l'autre ce qu'il a envie d'entendre.

4 CHÂTEAU

JE SAVOURE MES RÉALISATIONS, MAIS NE M'Y ENFERME PAS

LE CONTE

Point de départ de nombreux contes, le château est un lieu que le personnage principal doit quitter pour aller faire l'expérience de la vie. Dans *Les Trois Plumes*, un roi envoie ses fils dans une quête afin de déterminer lequel d'entre eux héritera du trône. Blanche-Neige menacée par sa belle-mère et Peau d'Âne fuyant son père doivent aussi quitter un château pour assurer leur sauvegarde.
Mais après les épreuves vient le temps du triomphe, et c'est aussi dans ce lieu que Cendrillon et les autres héroïnes se voient récompensées par la fortune et l'amour à la fin du conte.

SYMBOLIQUE

Beau et imposant, l'édifice qui se dresse devant nous évoque une réussite matérielle stable. Ceux qui l'habitent bénéficient d'un statut à part, d'une position d'autorité ou d'une consécration sociale.
Avec **Château**, un système est solide et durable. Une personne apparaît structurée et concrète, elle habite pleinement son corps.
Un tel bâtiment, conçu pour durer, n'a pu s'élaborer à la va-vite. L'horloge sur

Que dois-je construire, élaborer ?

sa façade rappelle que le temps est un élément important de cette carte. Un solide patrimoine, des valeurs traditionnelles sont transmises de génération en génération.

Le château est ceint d'une riche grille, ses fenêtres sont étroites et fermées. C'est un lieu préservé, qui offre la sécurité. Mais il devient forteresse quand l'être reste campé sur ses positions, ses acquis familiaux ou éducatifs.

ÉLÉMENTS D'INTERPRÉTATION

*Si **Château** vous favorise :*

Vous avez du sens pratique, de l'organisation, de la volonté. Vous prenez le temps de bien faire les choses et vous en récoltez les fruits. Votre position est stable et enviable.
Vous avez le goût de la bonne chère, des matières nobles et de tout ce que procure l'aisance.
Votre lieu de vie est un élément important de votre équilibre.

*Si **Château** s'oppose à vous :*

Un manque d'ouverture au monde, des points de vue conditionnés, du dogmatisme enferment et isolent. La pesanteur est physique ou intellectuelle.
Vous êtes face à une personne matérialiste à l'excès, centrée sur son confort et ses intérêts. Elle abuse d'une position dominante, bloque toute tentative de changement.
Des biens immobiliers représentent un obstacle, une source de complications.

Affectif

Une relation se construit sur la durée, votre couple est solide, vous partagez des valeurs traditionnelles. Un mariage enrichit et sécurise. Vous êtes l'élément stable, la base matérielle de la famille. Vous assurez une vie confortable à votre foyer. Vous occupez une maison de famille, un patrimoine se transmet.

Un sentiment se heurte à d'importants obstacles, une relation n'évolue pas, un des partenaires campe sur ses positions.

Des divergences d'intérêts, des différences de revenus, un problème de patrimoine vous opposent à l'autre. Des biens communs vous emprisonnent, une maison de famille pèse trop lourd.

✦ *Professionnel*

La position socioprofessionnelle est bien assise, un poste stable procure des revenus confortables. Un projet bien organisé donne d'excellents résultats, un contrat est rentable. Une entreprise a les reins solides. Vous avez le sens des responsabilités, la pleine conscience de vos capacités, vous dégagez une autorité naturelle.

Un projet tarde à se réaliser, il rencontre des problèmes très concrets, des oppositions fortes.
Vous êtes face à un système fermé, à des blocages administratifs, à une hiérarchie inaccessible ou mal disposée.
Une personne ou une entreprise abuse d'une position dominante.

✦ *Forme*

Vous disposez d'un bon équilibre physique et psychique, d'un tempérament robuste. Un thérapeute est solide et rassurant, un traitement est efficace sur le long terme.
Le bon sens est un allié sûr de la santé, vous prenez soin de votre corps.

Un établissement de soins de qualité, un thérapeute bien établi est difficile d'accès.
Vous manquez de souplesse corporelle, vous ne faites pas assez d'exercice physique. Vous mangez trop et trop riche, vous prenez du poids.

L'ENSEIGNEMENT SPIRITUEL DE CHÂTEAU

Cette carte relie à la terre et à son principe de réalité. Être à l'aise avec cet élément permet de s'ancrer et de s'incarner totalement dans l'existence. Depuis une assise solide, les réalisations se mettent en place tout naturellement. **Château** montre que nous sommes est en train de nous construire, d'élaborer la personne que nous serons. Mais les structures peuvent être des enfermements et, comme le héros quitte le château au début du conte, cette carte nous invite à sortir de nos conditionnements pour partir à l'aventure de la vie. En lâchant la fausse sécurité des acquis familiaux et sociaux, et en traversant le sentiment de perte qui l'accompagne, nous pourrons aller à la découverte de nous-même. À la fin de l'histoire, le héros revient, libéré de ses anciens fonctionnements, et le château devient un lieu d'enrichissement personnel et d'accomplissement.

C'est la partie de nous qui vit pleinement son incarnation.

Solidité, stabilité, enracinement, concrétisation, pragmatisme, organisation, construction, compétence, réussite, confort, autorité, bon rapport au corps, sensualité.

Fermeture, enfermement, immobilisme, conservatisme, égoïsme, pesanteur, raideur, dogmatisme, autoritarisme, domination, matérialisme, cupidité.

ASSOCIATIONS DE CARTES

✦ Avec **11. Miroir magique**, vous réalisez que votre couple ne repose que sur des intérêts financiers ; votre réussite matérielle vous empêche de voir la personne que vous êtes vraiment.

✦ Avec **14. Baguette magique**, un coup de chance vous permet d'acquérir la maison de vos rêves ; une position qui semblait solide s'évanouit ; une inspiration vous fait sortir de votre zone de confort.

✦ Avec **18. Foyer**, vous vous enfermez dans votre vie de famille ; vous travaillez dans une entreprise patriarcale ; vous placez votre argent « en bon père de famille ».

5 VILLAGE - CITÉ

AU SEIN DE LA COLLECTIVITÉ, JE RESTE FIDÈLE À MOI-MÊME

LE CONTE

Quand le personnage principal d'un conte arrive dans une ville ou un village, il y fait des rencontres, glane des informations, mais ne s'y attarde généralement pas. Dans *Les Deux Frères*, c'est au village que le héros apprend que la fille du roi va être livrée à un dragon et décide d'aller s'opposer au monstre.

SYMBOLIQUE

Un agréable village surmonté d'une église s'étage autour d'une route principale. Au-delà d'une concentration de bâtiments, c'est un centre organisé, hiérarchisé, à la fois religieux et civil.
Dans sa partie supérieure, une maison plus massive évoque une structure administrative. Son fronton s'orne d'une plume : c'est le lieu des officialisations, des contrats.
La grande place, autour du puits, favorise les rencontres, les échanges, le commerce.
Un pont fait le lien avec le monde extérieur.
Village - Cité parle du rapport au groupe social et à ses règles. Elle décrit une personne qui y trouve sa place comme son équilibre, et manifeste une saine ambition.

Suis-je à ma place dans le groupe social ?

En négatif, il est difficile de s'adapter à une organisation, d'en comprendre le fonctionnement et d'y souscrire.
Village - Cité se rattache aussi à toutes les notions officielles et socioprofessionnelles.

ÉLÉMENTS D'INTERPRÉTATION

Si ***Village - Cité*** *vous est favorable :*

Vous avez beaucoup d'aisance sociale, de la diplomatie, une bonne capacité de négociation et le sens des contacts utiles. Les règles ne vous pèsent pas, vous utilisez habilement les rouages d'un système.

La société vous apprécie et vous reconnaît. Vous œuvrez pour le collectif, vous exercez des activités sociales ou politiques.
Le moment est idéal pour une officialisation, un contrat de travail, de mariage… Un jugement paraît équilibré, une loi est juste et respectée.

*Si **Village - Cité** s'oppose à vous :*

Vous vous heurtez à une personne conformiste, opportuniste ou influençable. Elle se confond avec son identité sociale, recherche à tout prix la reconnaissance du groupe.
Les injonctions sociales sont oppressantes, un système est trop hiérarchisé, la bureaucratie règne, un jugement est inique. Vous rejetez le collectif ou subissez une mise à l'écart, un douloureux déclassement. Un environnement surpeuplé ou trop bruyant vous fait perdre vos repères.

✦ *Affectif*

Vous êtes sociable et très populaire, votre vie relationnelle vous occupe beaucoup. Vous rencontrez l'amour dans votre entreprise, dans une réunion politique ou associative. Votre partenaire vous fait bénéficier des avantages de sa position sociale.
Une relation est officialisée, un contrat de mariage est signé, un divorce se déroule au mieux.

La vie sociale prime sur les sentiments, le conformisme gouverne la vie privée. Un partenaire doit être socialement acceptable, un mariage permet de profiter de son statut.
Une union ou un Pacs se heurte à des complications administratives. Un divorce exclut d'un milieu social.

✦ *Professionnel*

Vous vous intégrez bien dans votre entreprise, vous êtes à l'aise avec la hiérarchie.
De bonnes relations avec des élus locaux font avancer vos affaires, vous réussissez en politique ou dans le monde associatif.
Vous signez un important contrat, vous gravissez les échelons d'un système.

Des pesanteurs administratives, des problèmes juridiques bloquent l'avancée d'un projet, compliquent la signature d'un contrat.
La culture d'entreprise vous pèse, le relationnel est laborieux, vous gérez mal votre hiérarchie. Vous vous confondez avec votre fonction, vous devez tenir compte d'une personne opportuniste.
Travailler dans un bureau paysager vous empêche de vous concentrer.

✦ *Forme*

Rencontrer du monde, participer à des activités collectives vous redonne le moral.
Vos relations vous permettent d'obtenir un rendez-vous avec un bon praticien, d'accéder aux meilleurs soins.

La ville ne vous convient pas, vous supportez mal le bruit.
Des responsabilités sociales vous épuisent.
Vous devez affronter la bureaucratie hospitalière, vous n'arrivez pas à vous faire rembourser un soin. Un praticien s'avère trop mondain ou trop cynique.

L'ENSEIGNEMENT SPIRITUEL DE VILLAGE - CITÉ

Adhérer inconditionnellement à une norme sociale qui peut évoluer, nous identifier à une fonction que nous sommes susceptibles de perdre, nous adapter à tout prix aux valeurs d'un groupe nous empêche d'accéder à notre essence intérieure. **Village - Cité** invite à rester soi-même, y compris au cœur du système. Sans le rejeter expressément, il est possible de franchir le pont pour s'extraire un temps de l'enceinte du village social, surtout quand celui-ci devient trop normatif. Prendre du recul permet aussi de mieux en percevoir les codes et d'en jouer habilement. En s'appuyant sur cet espace de liberté, nous pourrons avancer dans notre quête intérieure et exprimer notre personnalité dans le collectif, tout en préservant notre sensibilité et notre individualité.

C'est la partie de nous qui trouve sa place dans le groupe sans renoncer à son essence profonde.

Sociabilité, diplomatie, officialisation, contrat, négociation, sens commercial, ambition constructive, réussite sociale, jugement équilibré, démocratie, sens du collectif.

Contraintes ou injonctions sociales, conformisme, opportunisme, bureaucratie, phobie administrative, hiérarchie pesante, iniquité, foule, bruit, exclusion.

ASSOCIATIONS DE CARTES

✦ Avec **1. Il était une fois...**, vous intégrez une nouvelle entreprise ; vous faites vos débuts de bénévole dans une association ; vous recevez vos nouveaux papiers d'identité.

✦ Avec **12. Avant minuit**, la ponctualité fluidifie les relations avec vos collègues de travail ; un contrat est signé juste à temps ; votre statut social est sur le point de basculer.

✦ Avec **28. Cendres**, vous vous sentez pauvre par rapport aux normes sociales ; un contrat est caduc ; une loi réduit vos espérances à néant.

6 CROISÉE DES CHEMINS

JE ME CENTRE ET LA VOIE JUSTE M'APPARAÎT

LE CONTE

Les héros des contes se retrouvent souvent à un carrefour lors d'un moment important de leur existence. Dans *Les Quatre Frères habiles*, c'est là que les enfants d'un homme pauvre se séparent pour tenter leur chance dans le monde. Dans *Les Trois Plumes*, un roi envoie ses fils chercher le tapis le plus fin qui soit et souffle sur des plumes en l'air pour déterminer la direction que doit prendre chacun d'eux.

SYMBOLIQUE

Nous sommes arrivés à un carrefour. Différentes voies s'offrent à nous : chemin clair, passage ombreux, retour sur nos pas… Laquelle choisir ? Avec ces couleurs un peu étranges, **Croisée des chemins** nous place dans un univers qui semble nous échapper, le paysage de notre futur. Cette carte, qui nous montre face à une importante décision, peut réveiller l'inquiétude de l'inconnu, le désarroi devant une multiplicité de possibilités ou un refus de la renonciation qu'impliquerait un choix. Avons-nous vraiment envie de nous engager ?
L'incapacité à choisir révèle un conflit intérieur, une difficulté à voir clair en soi.

Mon choix me ressemble-t-il vraiment ?

Nous risquons alors de nous fourvoyer dans une décision dictée par le mental, par les schémas sociaux ou parentaux… ou attendre que la vie statue à notre place.
Pourtant, **Croisée des chemins** peut aussi inspirer l'exaltation devant de nouvelles chances. Quand nous sommes centrés, en lien avec nos besoins profonds, les interrogations disparaissent et le bon chemin se présente de lui-même. Attendu ou surprenant, il sera simplement le plus juste pour nous. Peut-être même y en aura-t-il plusieurs…
Dans certains contes, le carrefour s'efface après le passage du héros, signe que les problèmes de choix sont résolus.

ÉLÉMENTS D'INTERPRÉTATION

*Si **Croisée des chemins** vous favorise :*

Vous êtes à un heureux carrefour de votre existence. D'excitantes opportunités ou une possibilité de vie nouvelle s'offrent à vous.
Le bon choix s'impose comme une évidence, vos objectifs sont clairement définis.
Vous gardez votre libre arbitre, vous êtes flexible, vous trouvez des solutions alternatives ou des combinaisons astucieuses.

*Si **Croisée des chemins** s'oppose à vous :*

Vous traversez un moment d'incertitude, de déchirement intérieur.
Une situation floue ne permet pas de se positionner.
Vous vous perdez dans des spéculations mentales, vous passez à côté d'une opportunité. Vous doutez de vos capacités, vous n'écoutez pas vos besoins propres.
Être trop influençable risque de vous entraîner dans une voie qui ne vous convient pas.

✦ *Affectif*

Votre cœur balance entre plusieurs propositions séduisantes, une rencontre risque de vous faire dévier du droit chemin. La vie vous offre une nouvelle chance amoureuse.
Votre couple prend une agréable direction. La bonne décision affective s'impose d'elle-même.
En amour, il n'est pas toujours nécessaire de choisir ni de se cantonner à une orientation sexuelle.

Cerner ses sentiments et s'engager semble bien difficile. En amitié comme en amour, vous vous dispersez trop ou vous prenez les mauvaises décisions. Devoir choisir entre le cœur et la raison est un déchirement. N'attendez pas que l'autre ou que la vie décident pour vous.

✦ *Professionnel*

Un bilan de compétences remet des certitudes en question et aide à faire le bon choix de carrière.
Vous êtes flexible, vous travaillez en intérim, vous choisissez d'exercer différents métiers en parallèle.
Plusieurs dossiers intéressants s'offrent à vous, un projet permet de combiner les diverses facettes de votre talent.

Vous hésitez entre plusieurs stratégies, entre différents choix de carrière. Vous vous dispersez, vous ne vous investissez pas à fond dans un dossier. Une entreprise s'engage dans une mauvaise direction.
Il est difficile d'établir des priorités, de choisir entre vie privée et vie professionnelle.

✦ *Forme*

Vous faites le choix d'aller mieux et vous vous en donnez les moyens. Votre intuition vous guide vers le bon soignant, vers la meilleure thérapie.
Une pratique méditative aide à trouver le chemin vers soi.

Être à un carrefour de sa vie fragilise et désoriente. Vos symptômes sont multiples et fluctuants, difficiles à cerner.
Un thérapeute hésite sur un diagnostic ou sur un traitement.
Une « option » médicale est imposée.

L'ENSEIGNEMENT SPIRITUEL DE CROISÉE DES CHEMINS

À chaque carrefour de notre vie, **Croisée des chemins** teste notre liberté de choix. Cette carte invite à vérifier que nous ne sommes pas à la merci d'une situation, d'une façon de voir ou d'une ligne directrice qui nous obligerait à avancer dans une direction donnée…

Croisée des chemins nous propose de nous recentrer sur les besoins essentiels de notre âme. Allons-nous opter pour la voie de l'évolution ou préférons-nous rester dans notre ego, dans nos fonctionnements douloureux, mais bien connus ? Et si nous empruntons le chemin qui conduit à l'éveil, comment ne pas se perdre dans les mirages de la fausse spiritualité ?

Croisée des chemins enseigne que la voie du cœur nous emmène toujours dans la bonne direction.

C'est la partie de nous qui laisse la bonne décision venir d'elle-même.

Évidence, certitude, intuition juste, libre arbitre, objectivité, bon choix, flexibilité, ouverture, alternative, objectif clair.

Hésitation, doute, pusillanimité, dilemme, incertitude, flou, ambivalence, mauvais choix, influençabilité, versatilité, désorientation.

ASSOCIATIONS DE CARTES

✦ Avec **4. Château**, vous optez pour une carrière stable aux revenus confortables ; vous hésitez à vous lancer dans un achat immobilier conséquent.

✦ Avec **15. Loup**, une personne ambiguë vous entraîne sur une voie excitante ; vous vous faites piéger par un choix qui semblait séduisant.

✦ Avec **25. Ogre**, vous voulez tout avoir en même temps.

7

BOTTES DE SEPT LIEUES

RAPIDITÉ OU IMPATIENCE, JE VAIS DE L'AVANT

LE CONTE

Dans *Le Petit Poucet,* ces bottes magiques appartiennent à l'ogre. Elles lui permettent d'avancer à une vitesse exceptionnelle, d'aller de montagne en montagne et de traverser les rivières comme des ruisseaux.
Profitant du sommeil du géant, le jeune héros s'empare des bottes qui s'adaptent parfaitement à la taille de ses pieds. Il les utilisera pour s'emparer du trésor de l'ogre et se dégager, ainsi que ses frères, d'une situation périlleuse.

SYMBOLIQUE

Les chaussures symbolisent le déplacement, le voyage dans toutes ses dimensions, y compris vers l'autre monde.
De couleur rouge, dynamique, les bottes magiques traversent la carte à vive allure, franchissant les reliefs sans effort. Elles permettent de parcourir sept lieues (environ 30 km) en une enjambée.
Bottes de sept lieues symbolise la rapidité d'action. Avec cette carte, l'ambiance est tonique, les déplacements sont fréquents. Un problème est vite cerné, on avance vers sa résolution sans s'attarder sur les détails.

Qui me guide quand j'avance ?

Au premier plan, les pierres et les sapins, au rythme bien plus lent, semblent des spectateurs impuissants. Ainsi, une personne impatiente se sentira souvent contrainte, bloquée dans son élan. Le rouge de la colère n'est pas loin…

Fuite ou rapide avancée, avec **Bottes de sept lieues**, tout s'enchaîne très vite mais la précipitation peut être source de méprises et de dangers. Il est parfois nécessaire de s'attarder sur un problème, d'approfondir une situation ou de s'investir dans une relation pour en tirer le meilleur parti.

ÉLÉMENTS D'INTERPRÉTATION

Si **Bottes de sept lieues** *vous favorise :*

Vous comprenez vite, vous décidez sans attendre, vous agissez efficacement. Vous allez de l'avant en confiance, quoi qu'il arrive. Vous partez en voyage, vous prenez votre indépendance, vous vous élancez vers la liberté.
Un projet, une situation, un sentiment progresse rapidement.

Si **Bottes de sept lieues** *s'oppose à vous :*

Être toujours pressé, se précipiter tête baissée, brûler les étapes, bousculer l'entourage fait commettre des erreurs et prendre des risques inutiles.
Une personne de votre entourage est impatiente, hyperactive, intolérante à la contrainte. Son agitation ne mène à rien, elle agit pour agir, pratique la fuite en avant, gaspille son potentiel.
Une situation évolue trop vite à votre gré, vous perdez le contrôle.

◇◇◇◇◇◇◇◇◇◇

✦ *Affectif*

Vous faites une rencontre importante lors d'un déplacement, une conquête amoureuse est rondement menée.
Un sentiment évolue rapidement, vous vous lancez à corps perdu dans un nouvel amour.
Vous êtes l'élément moteur du couple, vous insufflez un nouvel élan à la relation, vous faites un enfant dans la foulée. Vous déménagez par amour, vous reprenez votre liberté.

Une personne ne fait que passer, une amitié ne dure pas ; des déplacements, un déménagement vous éloignent de l'autre, « loin des yeux, loin du cœur ».

La précipitation fait faire de mauvais choix amoureux. Vous rompez une relation trop rapidement, vous brûlez les étapes de la séduction, les préliminaires sont oubliés.
L'autre s'en va.

✦ *Professionnel*

Les projets s'enchaînent, les choix professionnels sont audacieux, votre carrière bénéficie d'un coup d'accélérateur.
Un dossier avance rapidement, vous filez vers vos objectifs, une idée vous emballe. Vous quittez sans attendre un emploi trop routinier.
Vous exercez un métier très actif, un déplacement professionnel vous enthousiasme.

L'impulsivité gâche des idées intéressantes. Un projet est lancé sans réflexion, des étapes indispensables sont négligées, un dossier est survolé.
Un responsable manque de diplomatie, force le rythme de son entourage.
Une fuite en avant ne camoufle pas longtemps les problèmes. Un système s'emballe ou va trop vite pour vous.
Les déplacements professionnels pèsent sur la vie privée.

✦ *Forme*

L'énergie est à son comble, vous abordez les soucis de santé comme des défis à relever. Un traitement soulage immédiatement, une guérison est rapide.
Vous vous défoulez par des activités physiques intenses, course ou sport de vitesse.

Vous vous surmenez, vos organes sont en suractivité. Vous ne prenez pas le temps de vous soigner, vous n'allez pas au bout de vos traitements.
Un problème s'accélère.
L'inattention ou les excès de vitesse entraînent des accidents.

L'ENSEIGNEMENT SPIRITUEL DE BOTTES DE SEPT LIEUES

Paroles, pensées, décisions, passage à l'action… avec **Bottes de sept lieues**, tout devient très rapide. La personne qui est sur la voie de l'évolution peut avancer plus vite qu'elle ne pense et certains obstacles, qui lui semblaient des montagnes, sont maintenant franchis sans effort.

Ces bottes magiques, comme des guides, aident à rester dans la voie juste au lieu de se laisser détourner par l'impatience ou la volonté issue du mental. En s'adaptant à la taille de la personne qui les porte, elles montrent que chacun peut intégrer à sa façon sa démarche spirituelle à sa vie.

Enfiler les **Bottes de sept lieues** permet de progresser dans le respect des autres, de soi-même et du chemin.

C'est la partie de nous qui passe à l'action avec justesse et détermination.

Rapidité, efficacité, réactivité, énergie, dynamisme, fougue, enthousiasme, assurance, conquête, indépendance, déplacement, voyage, sport, compétition.

Précipitation, impatience, irréflexion, fuite en avant, gaspillage, hyperactivité, surmenage, nervosité, irritabilité, imprudence, « passage à l'acte », accident.

ASSOCIATIONS DE CARTES

✦ Avec **6. Croisée des chemins**, une rencontre amoureuse soudaine amène à s'interroger sur ses choix de vie ; vous foncez sans savoir vraiment où vous allez.

✦ Avec **9. Haute tour**, vous fuyez le monde pour retrouver au plus vite votre solitude ; vous lancez une alerte en urgence ; se précipiter vers une personne la rend méfiante.

✦ Avec **23. Forêt profonde**, un travail sur soi s'accélère et fait pénétrer plus profondément au cœur de son inconscient ; un projet qui semblait bien parti s'avère inextricable.

8 CHASSEUR - SAUVEUR

JE DÉNOUE UNE SITUATION PAR UNE ACTION FORTE

LE CONTE

Le chasseur des contes de fées est un sauveur efficace et déterminé. Il délivre le Petit Chaperon rouge et sa grand-mère du ventre du loup qui les avait dévorées. Dans *Blanche-Neige,* il désobéit aux ordres de la cruelle belle-mère en tuant à la place de la jeune fille un marcassin dont il rapportera comme preuve le foie et les poumons.

SYMBOLIQUE

À l'époque des contes, les chasseurs participaient à l'équilibre naturel. Celui-ci, bien campé dans la forêt, fait corps avec les puissantes forces pulsionnelles de la nature. Sous son aspect rude, **Chasseur - Sauveur** est un puissant protecteur. Ce solide personnage barre la route aux bêtes féroces comme à toute sorte de danger.

Armé de son grand coutelas comme d'une épée de justice, il sauve la vie de Blanche-Neige en sacrifiant un animal à sa place. Il ouvre aussi le ventre du loup, ce vil séducteur, pour délivrer le Petit Chaperon rouge.

Chasseur - Sauveur représente un être mûr, solide, sur lequel s'appuyer en cas de problème. Dans les contes, il repart après avoir accompli sa mission salvatrice, sans rien attendre en retour.

Où dois-je ouvrir une brèche ?

La présence de **Chasseur - Sauveur** dans un tirage signale une situation complexe ou dramatique qui ne pourra être résolue que par une action forte et concrète.
En négatif, cette carte évoque un comportement impérieux, une opposition forte, un risque de violence. Une aide est imposée.

ÉLÉMENTS D'INTERPRÉTATION

*Si **Chasseur - Sauveur** vous favorise :*

Vous bénéficiez d'une solide protection, vous avez les ressources pour faire face à l'adversité.

Une décision très concrète vous sort d'un mauvais pas, une action forte dénoue efficacement un problème. Une brèche s'ouvre dans un système très fermé, vous « fendez l'armure ». Un verdict tombe, net et juste.
Vous êtes en lien avec les forces de la nature, vous assumez votre puissance pulsionnelle.
Avec la maturité vient la capacité de s'affirmer.

*Si **Chasseur - Sauveur** s'oppose à vous :*

Une action forte s'avère dangereuse ou inefficace. Une parole tranchante, une décision irrévocable seront regrettées.
Vos démarches rencontrent une puissante opposition, vous êtes face à une personne très autoritaire. La violence est mal gérée, vos pulsions vous débordent.
Il est inutile de vouloir sauver les gens malgré eux, une aide se retourne contre vous, faire justice soi-même n'est pas la solution. Une protection ne sera pas gratuite.

Affectif

Une rencontre vous donne la force de vous extraire d'une situation difficile. Un sentiment puissant vous oblige à vous dévoiler, vous faites un choix affectif radical, une rupture nette vous sauve.
La maturité amène une approche plus concrète de l'amour, une sensualité puissante.
Une relation s'avère rassurante et protectrice. Vous aimez une personne au caractère fort, vous épousez votre sauveur.

Vous vivez une relation inéquitable, infantilisante, avec un être dominateur.

Un affrontement conjugal est sans merci, vous subissez ou initiez des rapports de force. Des pulsions mal gérées se retournent contre vous. Vous vous coupez inutilement de certains proches, vous subissez une rupture brutale.

✦ *Professionnel*

Vous bénéficiez d'une protection efficace, votre hiérarchie vous soutient. Un dossier reçoit une aide concrète, une action forte sauve un projet, une société se redresse en faisant des sacrifices.
Un jugement prud'homal vous est favorable. Un licenciement, une démission, l'arrêt net d'un projet vous dégage d'une situation pénible.

Vous subissez un abus de pouvoir, un licenciement abusif. Un contrat est brutalement rompu, un adversaire déterminé essaie de vous intimider. L'autoritarisme règne, un comportement paternaliste manque de bienveillance. Des décisions tranchantes sont inadaptées.
Des coupes sombres de budget ou de personnel ne sauveront pas une entreprise.

✦ *Forme*

Un remède est violent, mais efficace, une opération s'avère salvatrice. Un soignant a des méthodes personnelles efficaces et très affirmées.
Des activités en forêt régénèrent, vous retrouvez beaucoup d'énergie, vous renouez avec vos instincts.

Une thérapie ou un remède est inutilement agressif. On vous empêche de vous soigner comme vous le désirez, on veut vous « guérir » malgré vous.
Vous faites preuve de dureté envers votre corps ou votre esprit.
Des pulsions de violence se manifestent, une blessure est à craindre.

L'ENSEIGNEMENT SPIRITUEL DE CHASSEUR - SAUVEUR

Comme le chasseur ouvre le ventre du loup pour délivrer le Petit Chaperon rouge, cette carte invite à « fendre l'armure » pour se sauver soi-même.

Quand une brèche s'ouvre dans un système trop fermé, dans notre esprit, dans notre approche du monde, dans notre cœur… elle dévoile nos faiblesses, nos fragilités, mais permet aussi de nous détendre en nous révélant tel que nous sommes.

La puissance de **Chasseur - Sauveur** vient de sa détermination à agir. À la façon dont il libère le Petit Chaperon rouge du ventre du loup, nous pouvons poser des actes tangibles pour nous dégager de l'enfermement de notre ego et naître à nous-même.

C'est la partie de nous qui mène des actions fortes et concrètes pour sauver notre intégrité.

Protection, aide concrète, appui, sauvetage, action forte, volonté, efficacité, maturité, solidité, force de caractère, pulsions bien intégrées.

Forte opposition, intimidation, paternalisme, autoritarisme, abus de pouvoir, dureté, intransigeance, violence, danger, verdict défavorable, justicier, complexe du sauveur.

ASSOCIATIONS DE CARTES

✦ Avec **1. Il était une fois…**, un sentiment envers une personne très protectrice s'éveille en vous ; une naissance a lieu par césarienne.

✦ Avec **32. Trésor**, vous vous interdisez l'accès à vos capacités créatives ; vous protégez un enfant comme un trésor.

✦ Avec **36. Poucette - Cœur épanoui**, un abord un peu rude cache une âme poétique ; vous menez des actions fortes pour défendre la beauté de la nature.

9 HAUTE TOUR

CALME RETRAITE OU DÉDAIN, JE ME RETIRE DU MONDE

LE CONTE

Prison ou lieu de guet, la tour apparaît souvent dans les contes.
Dans *Raiponce,* une jeune fille est enfermée par une sorcière dans une tour isolée au cœur d'une forêt. Pour y pénétrer par l'unique fenêtre, située tout en haut, il faut s'accrocher aux longs cheveux de la belle qui descendent au pied de la tour…
Quand la femme de Barbe bleue est menacée par son dangereux époux, sa sœur Anne monte en haut de la tour du château pour guetter leurs frères qui viennent à la rescousse. Dans les anciens récits, sœur Anne était souvent un oiseau.

SYMBOLIQUE

Dressée entre terre et ciel comme une colonne vertébrale, une tour symbolise l'élévation, le désir de se rapprocher d'une puissance supérieure.
Dans de nombreux contes, elle évoque un long emprisonnement. La présence de **Haute tour** signale une rigidité, l'enfermement dans une situation, une relation, une idée, un fonctionnement… et la solitude qui s'ensuit.

Sur quoi dois-je prendre du recul ?

Bien vécue, cette carte signale un isolement heureux, un temps de retraite pour approfondir un sujet ou régler par soi-même d'éventuels problèmes.
Du sommet de la tour, le regard porte loin, offrant du recul sur les événements de sa vie comme sur les errances du monde. Et comme sœur Anne au sommet de la tour, la vigilance des lanceurs d'alerte n'est jamais loin. La solitude est alors amicale et féconde, accompagnée par les oiseaux, le soleil et la nature environnante.

ÉLÉMENTS D'INTERPRÉTATION

*Si **Haute tour** vous favorise :*

Vous aimez étudier, réfléchir ou méditer au calme. La solitude vous ressource. Prendre du recul permet de comprendre avant les autres les enjeux d'une situation.
Votre esprit est indépendant, objectif. Vous restez ferme dans vos convictions.
Vous vous concentrez sur vos buts, vous vous donnez les moyens de vos ambitions.

*Si **Haute tour** s'oppose à vous :*

La solitude est difficile à rompre. S'emmurer dans le silence, dans ses opinions ou ses constructions mentales fait paraître dur, froid, inaccessible.
Un complexe de supériorité, une extrême sélectivité, un manque d'empathie ou de la misanthropie sépare d'autrui. Évoluer dans un milieu privilégié fait perdre la conscience des réalités.
Une élévation sociale compense un mal-être, le pouvoir isole.

◇◇◇◇◇◇◇◇◇◇

✦ *Affectif*

Le célibat convient à votre tempérament très indépendant. Vous prenez du recul sur une personne ou une situation affective.
Une relation est mise entre parenthèses le temps d'approfondir un projet.
Des moments de solitude raffermissent un sentiment.

Les sentiments ne sont pas une priorité, un blocage affectif isole.
La timidité, la méfiance ou l'extrême exigence empêchent de belles rencontres. Une personne aimée semble froide ou inaccessible.

Chacun est seul au sein du couple, les partenaires ne communiquent plus. L'autre est mis à distance, le contact physique est refusé.

✦ *Professionnel*

Vous préférez travailler dans un endroit isolé, vous menez des recherches en solitaire. Vous exercez un emploi indépendant.
Vous prenez le temps d'approfondir un projet, vous dominez un sujet et savez le contextualiser. Un dossier nécessite vigilance et prise de recul. Une concentration puissante sert une ambition équilibrée.

Il est difficile de coopérer, d'échanger ou de s'adapter aux changements du marché. Les informations et les connaissances sont gardées pour soi, un système est trop élitiste.
Le pouvoir isole, l'ambition est démesurée. Un sentiment de supériorité empêche de tenir compte des réalités de terrain donne le sentiment d'être au-dessus des lois.

✦ *Forme*

Une retraite silencieuse apaise et permet de relativiser les soucis, vous résolvez un problème de santé par vous-même.
Vous avez le goût de l'effort physique en solitaire. Vous faites une ascension en montagne, de l'escalade. Se tenir droit favorise l'équilibre.

Une maladie isole, vous vous enfermez dans vos problèmes au lieu de consulter un praticien. Un traitement inadapté est prolongé malgré tout. Vous souffrez d'un manque de souplesse, d'un blocage physique ou moral.

L'ENSEIGNEMENT SPIRITUEL DE HAUTE TOUR

Cette carte invite à prendre un temps de retraite pour approfondir et affermir sa pratique spirituelle.
Haute tour ouvre à l'acceptation de la discipline de la voie, qui n'est pas une démarche volontariste visant l'élévation, mais l'accueil du souffle divin qui nous traverse et nous redresse, dans une verticalité souple.
Haute tour met en garde contre le sentiment de supériorité qui peut nous envahir quand notre conscience s'ouvre et que nous pensons être au-dessus des autres. Du haut de notre tour, nous n'avons pas conscience que nous sommes emprisonnés dans notre orgueil spirituel.
Pourtant, si nous nous relions à notre structure intérieure, à la vérité d'Être, nous pouvons nous dresser dans la vie, libres et autonomes, en harmonie avec les autres.

C'est la partie de nous qui concentre et élève son énergie.

Agréable retraite, intériorité, concentration, sélectivité, indépendance, ambition, progression, évolution, verticalité, position élevée, objectivité, recul, vigilance.

Solitude, isolement, enfermement, contrainte, blocage, prison intérieure, sclérose, œillères, raideur, orgueil, mépris, dureté, froideur, misanthropie.

ASSOCIATIONS DE CARTES

✦ Avec **3. Paroles**, vous sortez de votre retraite pour partager le fruit de vos réflexions ; vous refusez de vous mêler à des conversations triviales.

✦ Avec **21. Amour vrai**, vous savourez un moment de solitude à deux ; il vous semble difficile d'exprimer la force de vos sentiments.

✦ Avec **27. Petits cailloux**, prendre du recul sur un problème complexe fait apparaître une solution ; une rumination solitaire produit des raisonnements alambiqués.

✦ Avec **31. Clef**, vous trouvez le moyen de sortir d'un enfermement ; faire une retraite offre des clefs de compréhension de soi et du monde.

10 ROUET - CYCLE

TOURNER EN ROND OU REPARTIR SUR UN NOUVEAU CYCLE ?

LE CONTE

Dans *La Belle au Bois dormant*, une méchante fée, mécontente de n'avoir pas été invitée au baptême d'une petite princesse, lui jette un sort : elle se percera la main d'un fuseau et en mourra. Heureusement, une fée bienfaisante transforme la malédiction en un sommeil de cent ans. Bien que les fuseaux aient été bannis du château, la princesse, devenue grande, découvre une vieille femme qui file dans une pièce reculée. Elle se pique le doigt et plonge dans un long sommeil.

SYMBOLIQUE

Le rouet, qui file la laine en tournant d'un mouvement régulier, est à l'image de la destinée humaine et de son perpétuel retour dans le cycle des incarnations.

Au centre de la pièce, comme une rayonnante rosace, ce rouet évoque un renouvellement. Il figure un principe d'alternance, où ce qui est en haut se retrouve en bas avant de reprendre sa place initiale l'espace d'un instant.

Rouet - Cycle est une carte en mouvement, qui nous enseigne que tout est susceptible de changer, mais s'inscrit dans un éternel recommencement. Avec

Que dois-je renouveler en moi ?

elle, tout est en place pour une nouvelle période de vie, enrichie de ce qui a été vécu auparavant.

Cette carte évoque une période cyclique : jour, semaine, mois, année… ainsi que l'alternance des saisons. Une date anniversaire est propice à un retour sur soi.

Mal vécu, **Rouet - Cycle** met en garde contre le risque de tourner en rond, de revivre les mêmes situations douloureuses. Quand les expériences ne s'intègrent pas au vécu, elles se représentent sans cesse. De même, l'esprit peut ressasser éternellement les mêmes histoires sans parvenir à s'en dégager.

ÉLÉMENTS D'INTERPRÉTATION

*Si **Rouet - Cycle** vous favorise :*

L'existence vous accorde une nouvelle chance, un hasard heureux change le cours des choses. Vous choisissez de repartir de zéro, vous entamez un nouveau cycle de vie. Vous fêtez un agréable anniversaire. Vous allez de l'avant avec enthousiasme et insouciance, vous saisissez les opportunités au vol. Vous changez tout en vous et autour de vous, vous modifiez vos habitudes, vous bougez, vous déménagez.

*Si **Rouet - Cycle** s'oppose à vous :*

Vous avez tendance à commettre toujours les mêmes erreurs, à revivre sans cesse les mêmes échecs. Évitez de rester dans vos routines, de ruminer le passé.
Repartir toujours de zéro empêche de progresser ou de construire.
Un retournement de situation est défavorable. Un comportement est obsessionnel, cyclothymique.

◇◇◇◇◇◇◇◇◇◇

✦ *Affectif*

Une rencontre imprévue fait tourner la tête, un ancien amour revient, un renouveau sentimental se présente. Vous découvrez une nouvelle façon d'aimer ou de vivre à deux.
Un déménagement donne un nouveau souffle à la relation. Une naissance change la donne dans un couple.
Vous fêtez votre anniversaire de mariage ou de rencontre.

Les échecs affectifs se répètent, changer de partenaire au moindre problème ou attendre le retour d'un ancien amour n'est pas la solution. Des sautes d'humeur fragilisent une entente. Vous tournez en rond dans

votre couple, un déménagement déstabilise la famille, votre partenaire fait une rencontre.
L'arrivée d'un enfant pose problème.

✦ *Professionnel*

Une belle opportunité se présente, vous bénéficiez d'une promotion rapide, un tournant professionnel vous réussit. Un succès en entraîne un autre.
Vous êtes mobile, vous changez d'orientation, vous entamez un nouveau cycle d'études. Les jeux de hasard vous réussissent.

Votre situation est instable, vous manquez une opportunité, un dossier tourne à vide. Vous n'apprenez pas de vos erreurs, les mêmes difficultés se représentent.
Des déplacements sont imposés. L'ambiance au travail connaît des hauts et des bas.
Un projet est emporté par une vague de nouveauté, votre entreprise prend un nouveau tournant qui ne vous convient pas.

✦ *Forme*

Un cycle de remise en forme est efficace, une bonne nouvelle remonte le moral, un déménagement vous régénère. Une pathologie récidivante est jugulée.
Une grossesse inattendue vous réjouit.

Le moral est en dents de scie. Un problème de dépendance revient régulièrement, un souci de santé est récurrent.
Un changement de vie déséquilibre, une grossesse est compliquée. Un comportement est obsessionnel, cyclothymique ou bipolaire.

L'ENSEIGNEMENT SPIRITUEL DE ROUET - CYCLE

Comme la Belle au Bois dormant (aussi appelée Rose d'épine) se pique au fuseau du rouet et sombre dans le sommeil de l'inconscience, **Rouet - Cycle** nous met en garde contre le risque de perdre de vue notre essence profonde.

Quand nous ne réagissons plus qu'avec nos conditionnements, notre créativité face au monde se tarit. Les expériences sont stériles et nous nous retrouvons bloqués dans des schémas de vie pénibles et répétitifs. Tout tourne à vide et même si nous pensons agir, rien ne progresse vraiment.

Mais la roue du temps tourne, la chance peut revenir et nous réveiller. Alors renaît le goût de la liberté, l'envie de prendre en main notre destin, d'avancer sur notre propre chemin et de reprendre notre quête vers nous-même.

C'est la partie de nous qui se renouvelle en tirant parti de ses expériences.

Nouveau cycle, renouvellement, opportunité, nouvelle chance, adaptabilité, enthousiasme, insouciance, déplacement, déménagement, anniversaire heureux.

Tourner en rond, ressassement, obsession, routine, malchance, mauvais karma, inconscience, instabilité, cyclothymie, fuite en avant, bougeotte, triste anniversaire.

ASSOCIATIONS DE CARTES

✦ Avec **13. Mort marraine**, vous démissionnez après avoir fait le tour de votre poste ; vous stoppez net une relation amoureuse qui vous faisait revivre des souffrances passées.

✦ Avec **18. Foyer**, vous ressassez indéfiniment vos souvenirs de jeunesse ; vous déménagez avant l'arrivée d'un nouvel enfant.

✦ Avec **32. Trésor**, vous avez de la chance au jeu ; retrouver un ancien amour vous fait prendre conscience que vous avez toujours des sentiments à son égard.

11 MIROIR MAGIQUE

JE ME PERDS DANS MON IMAGE OU J'ACCEPTE LA VÉRITÉ DU MIROIR

LE CONTE

Quand la belle-mère de Blanche-Neige, très fière de sa beauté, demande à son miroir magique « Qui est la plus belle ? », celui-ci lui répond toujours « C'est vous. » Mais le jour où il lui dit « Blanche-Neige est la plus belle », la marâtre entre dans une rage folle et les jours de sa belle-fille sont comptés.

SYMBOLIQUE

Dans un décor théâtral, une femme tient un miroir. En son centre une paire d'yeux nous fixe. Les reflets qui figurent sur la carte laissent à penser que celle-ci est aussi une glace. Qui regarde qui ?
Symboliquement, le miroir reflète la vérité, la sincérité. Il évoque aussi la sagesse, la connaissance et permet la divination.
Mais les jeux de reflet ramènent souvent à ceux de l'apparence. Dans une société de plus en plus narcissique, l'image que nous renvoyons devient parfois la seule réalité accessible.
Avec cette carte, la vie nous tend un miroir. Une réalité, plaisante ou moins agréable, est prête à être révélée et nous sommes invités à y faire face.
En ce moment de bilan, **Miroir magique** nous propose d'aller au-delà des apparences pour accéder à toute la beauté de notre authenticité.

De quoi suis-je le reflet ?

ÉLÉMENTS D'INTERPRÉTATION

Si ***Miroir magique*** *vous favorise :*

Une vérité se présente et vous l'affrontez en toute lucidité.
Vous faites un bilan honnête d'une situation. Vous observez vos comportements, vos erreurs et vos conditionnements sans vous juger… et savez aussi reconnaître vos qualités.
Vous êtes authentique, vous avez beaucoup de clairvoyance, vous savez voir au-delà des apparences.

*Si **Miroir magique** s'oppose à vous :*

Dureté ou complaisance envers soi-même, aveuglement, subjectivité, déformation du réel : il est difficile de faire face à la vérité.
Une personne dépend du regard de l'autre ou l'utilise pour se valoriser. Elle est égocentrique, vaniteuse, obsédée par son image. Son apparence devient un instrument de pouvoir, de manipulation.
Adopter une attitude « miroir » (être agressif avec une personne agressive…) empêche d'être simplement soi-même.

Affectif

Une rencontre importante vous met face à vos fonctionnements amoureux, vous êtes lucide sur votre situation affective et vos attentes dans ce domaine.
Des cœurs se dévoilent, un sentiment se vit en toute clairvoyance, votre relation traverse un moment de vérité.

Vous aveugler sur une relation ou sur vos sentiments, refuser de voir vos responsabilités dans un échec amoureux, vous complaire dans une souffrance affective, ne vous épanouira pas.
Ne restez pas avec un partenaire narcissique, qui recherche un double en l'autre ou attend une validation dans son regard.
Vouloir qu'un enfant soit un prolongement de soi-même l'empêche de se construire.

✦ *Professionnel*

La période est idéale pour faire le point sur votre carrière, entamer un bilan de compétences, regarder honnêtement vos erreurs et vos défauts, vous découvrir des capacités…

Une difficulté met un blocage personnel en lumière, interroge sur la justesse de vos choix. Vous travaillez à améliorer l'image d'une société, vous faites un usage professionnel de vos dons de clairvoyance.

Vous avez intérêt à cerner plus clairement votre situation professionnelle, vos compétences ou vos chances de réussite. Acceptez que tous vos problèmes ne viennent pas de vos collègues, de votre hiérarchie, de votre entreprise…

✦ *Forme*

Vous soignez votre apparence, vous considérerez votre corps avec lucidité et bienveillance.
Vous faites face à un problème et vous agissez en conséquence.

Le narcissisme, l'obsession de l'âge et du physique, le besoin de sauvegarder les apparences quoi qu'il arrive sont des écueils à éviter. Il est difficile de se confronter à un souci de santé, même sans gravité. La vision pose problème.

L'ENSEIGNEMENT SPIRITUEL DE MIROIR MAGIQUE

Dans le mythe grec de Narcisse, un beau jeune homme se perd dans la contemplation de son reflet dans l'eau, ce miroir mobile.
Cette carte, centrée sur le regard, nous confronte à notre image, à celle que nous aimerions présenter au monde comme à celle que nous renvoient les autres, qui deviennent alors notre miroir.
Miroir magique nous enseigne que nous attarder avec complaisance sur nous-même, sur nos difficultés et nos douleurs est un obstacle à notre évolution. Il nous invite à regarder au-delà des apparences, à nous dégager des faux-semblants pour laisser tomber les masques.
Le miroir de la conscience reflète notre réalité profonde. Et comme la belle-mère de Blanche-Neige désire recouvrer sa jeunesse, nous pourrons le traverser pour retrouver la beauté et la fraîcheur de notre âme.

C'est la partie de nous qui accepte de regarder ce qu'elle n'a pas envie de voir.

Vérité, révélation, objectivité, bilan, intelligence lucide, regard juste, authenticité, connaissance, clairvoyance, voyance.

Narcissisme, égocentrisme, nombrilisme, autocomplaisance, illusion, aveuglement, vanité, culte des apparences, schizophrénie.

ASSOCIATIONS DE CARTES

✦ Avec **2. Rose d'épine**, vous comprenez qu'un projet professionnel n'est pas prêt à voir le jour ; vous vous retranchez derrière une belle apparence.

✦ Avec **19. Prince et princesse**, la réussite de votre couple n'est qu'apparente ; votre partenaire professionnel sait mettre en valeur l'image de votre société.

✦ Avec **25. Ogre**, vous êtes mal à l'aise avec votre image ; vous réalisez qu'une personne occupe trop de place dans votre vie ; vous êtes avide de compliments.

12 AVANT MINUIT

MA VIE EST SUR LE POINT DE BASCULER

LE CONTE

La fée marraine de Cendrillon, touchée par la détresse de sa filleule, a transformé sa tenue misérable en une robe merveilleuse et changé une citrouille en carrosse pour lui permettre d'aller au bal. Mais elle lui recommande d'en partir avant minuit, sinon tout disparaîtra.
Au bal, la jeune fille rencontre le fils du roi et oublie l'heure. Elle part précipitamment juste avant minuit, abandonnant sa pantoufle de verre… Et c'est grâce à celle-ci que le prince reconnaîtra, sous sa tenue de servante, celle qui a conquis son cœur.

SYMBOLIQUE

Le premier coup de minuit a sonné et Cendrillon s'enfuit du bal au moment où la magie est sur le point de se dissiper.
On ne voit plus qu'une partie de sa belle robe et la pantoufle de verre qu'elle perd dans sa course.
La pendule, au centre de l'image, rappelle l'échéance fixée par la fée. Comme midi, minuit est une heure importante de la journée, une étape avant d'entamer un nouveau cycle. Passage du jour à la nuit, de la vie professionnelle à la vie privée, solstice,

Quelle étape suis-je au bord de franchir ?

équinoxe, changement d'année, de domicile… Quelque chose est en train de basculer dans notre vie et nous retenons notre souffle. **Avant minuit** invite à prendre conscience de l'importance de ce moment suspendu, à goûter le fragile équilibre qui précède une nouvelle phase. Cette carte évoque aussi le rapport au temps, qui peut être perçu comme un espace ouvert ou une limitation. Sommes-nous dans le bon *tempo* ou toujours à côté ?

ÉLÉMENTS D'INTERPRÉTATION

*Si **Avant minuit** vous favorise :*

Vous avez une relation équilibrée au temps, vous respectez aisément les délais, la gestion de l'agenda est fluide. Vous agissez pile au bon moment. Vous vivez sereinement une période charnière avant un important changement.

*Si **Avant minuit** s'oppose à vous :*

Il est toujours trop tôt ou trop tard, vous laissez passer le bon moment, vous êtes souvent en retard.
Le temps vous échappe, tout semble aller trop vite, vous voulez retenir ce qui ne peut pas l'être.
Vous supportez mal les périodes de transition.

◇◇◇◇◇◇◇◇◇◇

Affectif

Une rencontre survient au bon moment, le bonheur amoureux s'approche.
Une affection bascule vers l'amour. Vous êtes sur le point de vous installer à deux, de vous marier… Une naissance est imminente.

Un retard fait manquer un tête-à-tête. Un amour arrive trop tard ou trop tôt, il n'est plus temps de récupérer votre partenaire. Une échéance financière ou biologique pèse sur le couple.
Vous manquez de disponibilité pour l'autre. Une relation n'était qu'une transition.

✦ *Professionnel*

Un dossier est réglé juste à temps, un contrat arrive au bon moment, une augmentation tombe à pic.
Vous savez quand présenter un projet pour qu'il soit accepté, vous anticipez les tendances. Travailler en horaires décalés vous convient.

Un projet a du retard, des délais sont intenables, des échéances de remboursement sont mal calculées.
Vous manquez de peu un rendez-vous important ou une affaire sur laquelle vous comptiez. Une idée est dépassée ou trop en avance.
Vous avez du mal à enchaîner vie professionnelle et vie privée.

✦ *Forme*

Vous respectez votre horloge interne, la chronobiologie vous réussit, vous supportez bien un décalage horaire.
Un thérapeute intervient au bon moment, un problème de santé est décelé juste à temps.

Vous avez un rapport compliqué au temps, l'horloge biologique vous stresse.
Un accouchement est prématuré ou déclenché. La tombée de la nuit est un moment difficile, un changement d'heure est mal supporté.

L'ENSEIGNEMENT SPIRITUEL DE AVANT MINUIT

Dans ce temps déployé, les étoiles scintillent, et un passage important est sur le point de se produire. L'enchantement de la fée se dissipe, et Cendrillon va retrouver ses pauvres habits. Pourtant, ce n'est pas une régression, car elle a croisé le prince au bal, et sa vie a commencé à changer. Ainsi, quand un être a déjà rencontré la conscience, il ne peut pas revenir en arrière même s'il trouve des obstacles sur le chemin de son évolution. Minuit commence à sonner, et l'énergie se modifie. Cette carte nous invite à voir que chaque situation peut être abordée comme un point de bascule vers un changement, une ouverture de conscience.
Et comme la chaussure que perd Cendrillon scelle son destin, à quoi faut-il renoncer pour passer de l'autre côté et éclairer notre vie ?

C'est la partie de nous qui perçoit chaque situation comme une proposition d'évolution.

Bon rapport au temps, ponctualité, action juste au bon moment, chronobiologie, agréable période charnière, solstice, équinoxe.

Retard, échéance intenable, procrastination, dépassé ou trop novateur, course contre la montre, difficile transition.

ASSOCIATIONS DE CARTES

✦ Avec **6. Croisée des chemins**, c'est le moment ou jamais de déclarer un choix d'orientation scolaire ; votre vie affective bascule, mais vous ne savez pas encore comment.

✦ Avec **14. Baguette magique**, vous êtes sur le point de récupérer votre retard dans un projet ; votre rapport au temps se fluidifie ; vous croyez à tort pouvoir arrêter l'inéluctable.

✦ Avec **20. Réveil**, vous vous libérez de la dictature de l'horloge biologique ; vous célébrez en dansant le passage du solstice.

13

MORT MARRAINE

J'ACCEPTE ET J'ACCOMPAGNE UN CHANGEMENT RADICAL

LE CONTE

Dans le conte appelé *Mort marraine*, la Mort accepte de devenir la marraine d'un enfant issu d'une famille pauvre, car, dit-elle, « devant moi tous sont égaux ».
Quand son filleul devient un jeune homme, elle lui offre une plante de guérison miraculeuse qui fait de lui un médecin célèbre. En échange, il doit lui laisser emporter les malades qu'elle aura choisis. Pourtant, le jeune homme lui désobéit par deux fois en sauvant le roi puis sa fille, qu'il désirait épouser. Alors, malgré ses supplications, la Mort l'emporte dans sa caverne et éteint la chandelle de sa vie.

SYMBOLIQUE

Le squelette à la faux est une représentation traditionnelle de la mort qui coupe le fil de la vie, emportant tous les êtres sans distinction.
Sur cette carte, la grande faucheuse enveloppe son filleul d'une tendresse implacable. Dans sa sombre caverne, des chandelles de différentes hauteurs évoquent des vies vacillantes, les lumières ascensionnelles de l'âme.
Pourtant, à l'image de la plante suspendue à la ceinture du jeune homme,

À quoi dois-je mettre fin en moi ou autour de moi ?

la vie reverdit toujours et cette fin annoncée n'est qu'un passage. Comme la végétation qui meurt puis renaît au fil des saisons, nous traversons des morts successives au cours de notre existence. Pertes, séparations, changements d'état… Ces expériences, quand elles sont acceptées et transcendées, nous renforcent et nous enrichissent.
Avec **Mort marraine**, ce qui n'est pas authentique en nous ou autour de nous doit disparaître.
Quand cette carte exigeante apparaît, une décision est irréversible, une fin est inéluctable. Désirée ou redoutée, elle peut être vécue comme une libération ou une pénible perte.

La lame lumineuse de la faux surmonte la scène. Elle invite à faire face lucidement à ce qui survient, à accompagner activement cette transformation radicale. La renaissance est à ce prix.

ÉLÉMENTS D'INTERPRÉTATION

Si ***Mort marraine*** *vous favorise :*

La fin d'une situation pénible soulage et allège. Se dégager radicalement d'un passé difficile ou d'une relation douloureuse ouvre sur d'autres perspectives. En perdant vos illusions, vous gagnez en lucidité.
Une rupture, un licenciement offre l'occasion de changer de vie, de se rapprocher de son authenticité.
Accepter ce qui ne peut être changé vous renforce.

Si ***Mort marraine*** *s'oppose à vous :*

Un échec est difficile à assumer, vous traversez un chagrin d'amour, une déprime. Une mauvaise nouvelle tombe comme un couperet, elle vous fragilise.
Une rupture, une perte matérielle est douloureuse. Vous devez faire face à une personnalité intransigeante, aux décisions irrévocables.
Refuser l'inéluctable fait inutilement souffrir.

◇◇◇◇◇◇◇◇◇◇

✦ *Affectif*

Votre célibat prend fin, une rupture amicale est nécessaire, vous séparer d'une personne toxique vous libère.
Un échec affectif permet une profonde remise en question, votre rapport à l'amour change radicalement.

Vous traversez une rupture douloureuse, un divorce vous est imposé, vous subissez la perte d'un être aimé. Un deuil fragilise une relation. Vous redoutez les changements radicaux qu'entraîne l'amour.

✦ *Professionnel*

Votre rapport au travail se modifie en profondeur, vous faites table rase de vos anciens fonctionnements, vous rompez avec un associé.
Une rupture de contrat vous délivre d'engagements inadéquats. Vous vous appuyez sur un échec professionnel pour rebondir, vous changez radicalement d'orientation.
Un départ à la retraite vous fait revivre.

Un projet important prend fin brutalement, on vous coupe des subventions. Vous échouez à un examen.
Vous acceptez mal un licenciement ou une mise en retraite. Vous regrettez d'avoir rompu un contrat.

✦ *Forme*

Une rupture professionnelle ou sentimentale vous régénère. Vous coupez net avec de mauvaises habitudes alimentaires, un sevrage radical s'avère efficace.
Une opération est justifiée et réussie.

Méfiez-vous des risques de blessure ou de coupure. Une cicatrisation est difficile.
Un sevrage est trop violent. Un professionnel de santé est intransigeant.
Un deuil douloureux ou une dépression affaiblit l'organisme.

L'ENSEIGNEMENT SPIRITUEL DE MORT MARRAINE

Dans le processus alchimique qui transforme le plomb en or et symbolise l'évolution spirituelle, la première étape est appelée l'Œuvre au noir. Elle correspond à la dissolution et la calcination du matériau de base, c'est-à-dire de tous les préjugés et les concepts sur lesquels nous avons l'habitude de nous reposer. Au cœur de la caverne, comme dans l'alambic de l'alchimiste, **Mort marraine** nous invite à une leçon de ténèbres. Pourtant, du fond de l'obscurité, la lumière peut jaillir. La faux, cette lune aiguë, les chandelles et la mort elle-même éclairent l'image. Toute fin nous met au seuil de l'inconnu, parfois exaltant, mais souvent effrayant. Dans ces moments de transition majeure, **Mort marraine** est notre alliée. Son implacable présence nous aiguillonne pour nous permettre de passer de l'autre côté, sur la rive de la liberté.

C'est la partie de nous qui a le courage de renoncer aux fonctionnements qui nous entravent.

Délivrance, soulagement, libération, fin de cycle, arrêt, détachement, perte ou rupture nécessaire, fin souhaitée, lucidité.

Perte, séparation, échec, intransigeance, radicalité, coupure, danger, mort, deuil, divorce, licenciement, rupture mal vécue.

ASSOCIATIONS DE CARTES

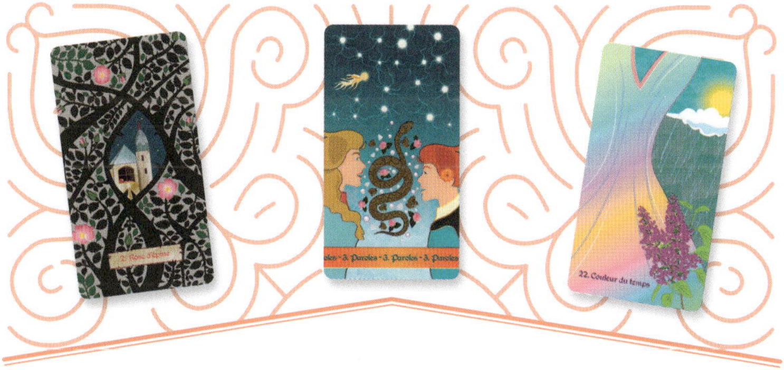

✦ Avec **2. Rose d'épine**, une rupture amoureuse entraîne un repli sur soi ; un temps de convalescence suit une opération.

✦ Avec **3. Paroles**, vous discutez ferme les modalités de votre divorce ; un deuil libère la parole ; vous contactez un avocat après une brutale rupture de contrat.

✦ Avec **22. Couleur du temps**, une séparation amoureuse vous permet de retrouver la légèreté ; vivre la fin d'une époque nous enseigne l'impermanence.

14 BAGUETTE MAGIQUE

TOUT DEVIENT POSSIBLE

LE CONTE

La baguette magique matérialise le pouvoir bienveillant de la fée qui aide ses protégés en transformant les guenilles de Cendrillon en une robe somptueuse ou en faisant sortir des roses et des diamants de la bouche d'une aimable jeune fille.
Grâce à elle, la sorcière peut aussi accomplir ses forfaits en changeant les princes charmants en crapaud dans *Le Roi grenouille* ou en monstre dans *La Belle et la Bête.*

SYMBOLIQUE

Symbole de la puissance des êtres merveilleux comme la fée, le magicien ou la sorcière, la baguette magique capte des forces invisibles pour réaliser les souhaits de la personne qui la manie.
Dans son enroulement fluide, **Baguette magique** évoque une circulation énergétique souple et aisée. Elle invite à s'abandonner sans crainte au flux de l'univers qui semble alors répondre à nos attentes. Grâce à elle, des choses surprenantes peuvent advenir en un clin d'œil.
Sa présence dans un tirage signale que les étoiles sont alignées et que tout semble possible, immédiatement

Quel est mon souhait le plus cher ?

accessible. C'est un moment de détente, durant lequel les événements s'enchaînent de façon heureuse et ce qui semblait bloqué circule à nouveau.

Mal comprise, **Baguette magique** met en garde contre le besoin de plier la vie à ses désirs, d'imposer sa volonté à l'entourage – en particulier en utilisant ses capacités énergétiques. Cette carte évoque alors le goût du pouvoir, de la toute-puissance. Prudence…

ÉLÉMENTS D'INTERPRÉTATION

*Si **Baguette magique** vous favorise :*

Tout semble facile et fluide. Une idée fait mouche, vous recevez une aide providentielle, vous bénéficiez d'un coup de chance.
Une concrétisation est immédiate, une situation se débloque naturellement, un problème se résout comme par magie, un désir se réalise, un miracle se produit.
Votre énergie est bien équilibrée, vous vous calez en confiance sur le rythme de l'univers.

*Si **Baguette magique** s'oppose à vous :*

Malchance ou un mauvais charme, vous avez l'impression que le sort s'acharne contre vous. Attendre la venue d'un miracle fait abdiquer de son propre pouvoir.
Une personne de votre entourage a besoin de maîtriser son environnement et de satisfaire ses désirs par n'importe quel moyen. Elle utilise sa puissance énergétique à mauvais escient, son pouvoir se retourne contre elle.

✦ *Affectif*

Vous avez de la chance en amour, vous faites une rencontre magique, un coup de foudre vous transporte.
Une relation est fluide et évidente. Un problème affectif se dénoue comme par miracle. Un désir d'enfant est exaucé.

La malchance amoureuse s'acharne, une relation subit des coups du sort, le désamour survient sans crier gare.

Vous perdez votre temps à espérer que l'autre fasse le premier pas, que l'être aimé revienne ou que votre conjoint résolve tous vos problèmes. Une personne ensorcelante vous manipule. Un des partenaires est dans la toute-puissance, il a le pouvoir sur la relation.

✦ *Professionnel*

Une aide providentielle sauve un dossier mal engagé, un contrat est miraculeusement signé, vous bénéficiez d'un coup de chance financier. Vous êtes naturellement efficace, vos démarches aboutissent sans efforts. Quand on est à la bonne place, tout devient simple.

Un projet échoue sans raison apparente, une entreprise essuie une série de problèmes, des démarches sont mystérieusement bloquées. La chance est du côté des concurrents.
Attendre un miracle est irréaliste, mieux vaut éviter de se remettre entre les mains d'une personne de pouvoir.

✦ *Forme*

Un thérapeute intervient de façon providentielle, un coup de chance permet d'échapper à un accident. Un rééquilibrage énergétique rétablit la vitalité. La détente favorise une guérison.

Tout attendre d'un soignant ou d'un traitement, espérer passivement une amélioration vous dépossède de votre corps.
Penser être victime de malchance, redouter un problème de santé, une rechute ou un mauvais sort fragilise l'organisme.

L'ENSEIGNEMENT SPIRITUEL DE BAGUETTE MAGIQUE

Objet de désir, prolongement du bras, la baguette magique peut offrir à la personne qui la tient un sentiment de pouvoir absolu. Pourtant, c'est en étant en harmonie avec le monde que nous pouvons nous laisser aller à ce que la vie nous propose. Nos souhaits sont alors issus de notre être profond et non le reflet de nos peurs et de nos conditionnements.
En lâchant la volonté issue de notre ego, en renonçant au besoin de plier le monde à nos désirs, nous pouvons participer à la magie de la vie en action. L'esprit s'allège, se détend.
Avec **Baguette magique**, tout devient possible.

C'est la partie de nous qui s'abandonne en confiance au flux de l'univers.

Fluidité, évidence, habileté, chance, aide providentielle, vitalité, circulation énergétique, coup de foudre, guérison, miracle.

Malchance, blocage énergétique, fatigue, passivité, désirs permanents, toute-puissance, emprise, mauvais sort.

ASSOCIATIONS DE CARTES

✦ Avec **16. Dragon – Adversaire**, vous trouvez miraculeusement la force de lutter contre l'adversité ; jouer avec le feu risque de se retourner contre vous.

✦ Avec **21. Amour vrai**, vous découvrez la magie de l'amour qui peut tout ; une association professionnelle s'avère providentielle pour vos affaires.

✦ Avec **36. Poucette – Cœur épanoui**, vous avez la main verte ; une circulation énergétique équilibrée favorise un épanouissement durable.

15

LOUP

TENTATION, PRÉDATION, INITIATION… OÙ EST LE PIÈGE ?

LE CONTE

Le loup apparaît dans plusieurs contes de fées, mais on l'associe le plus souvent au très populaire *Petit Chaperon rouge.*
Une petite fille, coiffée de rouge, traverse la forêt pour se rendre chez sa grand-mère. En chemin, elle rencontre le loup qui lui fait admirer la beauté des fleurs et des oiseaux. Pendant qu'elle s'attarde à les regarder, le prédateur court chez la grand-mère et la dévore. Puis, il revêt sa chemise et son bonnet, se cache dans son lit avant d'avaler à son tour le Petit Chaperon rouge. Heureusement, un chasseur passant par-là entend le loup et délivre la petite fille et l'aïeule.

SYMBOLIQUE

De nos jours, le grand méchant loup possède toujours une force symbolique. Il apparaît comme un être dangereux et cruel, un prédateur qui renvoie à des peurs archaïques.
Le loup des contes est généralement d'un abord agréable, mais il est mû par le besoin de dévorer. Ses paroles et ses actions sont toujours intéressées.
En invitant le Petit Chaperon rouge à s'émerveiller devant la nature, il l'ouvre à

Vais-je céder à la tentation ?

ses sens, mais la détourne du droit chemin… Il représente alors le côté fascinant, inquiétant et ambigu du désir. Une jeune fille qui « voit le loup » fait son initiation sexuelle.

De façon générale, on peut y voir les expériences qu'un être qui sort de l'enfance et du foyer familial doit affronter seul, lors de son apprentissage de la vie.

Sur cette image, le loup, attirant dandy, semble en embuscade malgré sa pose nonchalante. Les fleurs qui l'entourent donnent un aspect pacifique à la scène et pourtant son regard intense le trahit : il porte un masque.

Loup parle de dissimulation, parfois de manipulation et incite à la vigilance.

En positif, il évoque la subtilité, voire la ruse et la ténacité. Ce personnage transgressif invite aussi à oser, à dépasser ses interdits pour revendiquer ses intérêts matériels comme son plaisir.

ÉLÉMENTS D'INTERPRÉTATION

*Si **Loup** vous favorise :*

Vous ressentez l'appel des sens, l'excitation un peu angoissante de l'interdit. Votre puissance pulsionnelle se révèle.
Vous défendez vos intérêts matériels avec opiniâtreté, sans reculer devant les rapports de force. Vous avez du sang-froid, de la persuasion et une grande habileté stratégique.
Une personne dégage une séduction magnétique, hors norme.

*Si **Loup** s'oppose à vous :*

Un être fascinant dissimule des intentions, il vous manipule pour servir ses intérêts, il vous attire insensiblement dans un rapport de force.
Vous êtes face à un adversaire machiavélique et sans scrupules, pour qui l'autre est une proie.
Vos pulsions vous débordent et vous entraînent dans des voies dangereuses. Une situation ambiguë s'avère risquée… mais faut-il renoncer à toutes les expériences ?

✦ *Affectif*

L'amour a parfois besoin de petites ruses. L'habileté et la persuasion permettent de séduire l'être aimé. Vous avez raison de ne pas dévoiler trop vite vos sentiments.
Une personne fascinante vous attire irrésistiblement. Vous êtes face à une tentation sensuelle, vous avez le goût de l'expérimentation, vous assumez une sexualité puissante et ambiguë.

L'entente physique scelle une relation.

Une séduction magnétique dissimule un cœur froid, une instrumentalisation de l'autre, un goût pour la domination, une manipulation affective. Des rapports de force ne disent pas leur nom, vous êtes sous emprise.
La sexualité est prédatrice, dépourvue de sens. Elle devient une arme.

✦ *Professionnel*

Vous êtes stratège, vous savez saisir les opportunités. Votre volonté et votre ténacité font avancer un projet, vous trouvez des solutions qui sortent des sentiers battus.
Vous usez adroitement de votre influence pour atteindre vos objectifs. Vous savez convaincre, vous plaidez votre cause avec habileté. Vous faites une rencontre sensuelle au travail.

Méfiez-vous d'un rapport de force sous-jacent. Un adversaire professionnel est sans scrupules, il vous tend un piège.
Un contrat dissimule *un loup,* une parole ne sera pas tenue, vos intérêts ne sont pas respectés, une manipulation est probable.
Ne cédez pas à la tentation de la malhonnêteté.

✦ *Forme*

Votre organisme est puissant et très résistant, vous manifestez une grande volonté de guérir.
Loup signale un goût pour les sports intenses – dépassement ou recherche de sensations extrêmes – et l'importance des pulsions vitales et sexuelles.

La sexualité est complexe. La dépendance au plaisir, l'attirance pour des jeux troubles posent problème.
Des tensions se fixent dans la mâchoire et la bouche.

L'ENSEIGNEMENT SPIRITUEL DE LOUP

Cette carte nous confronte à notre rapport au pouvoir, depuis le charme jusqu'à la manipulation. L'autre est-il un partenaire ou l'instrument d'assouvissement de nos désirs ? Et quand la ruse charmante devient jeu d'emprise, les mâchoires du loup se referment. Serons-nous une victime consentante ?

Ainsi, **Loup** représente les pièges qui nous guettent parfois sur la voie de l'évolution. Une initiation spirituelle séduisante, des paroles convaincantes, des sensations fascinantes peuvent nous détourner un temps du chemin vers nous-même. Comme le Petit Chaperon rouge, nous risquons de laisser notre ego revêtu d'élégants atours prendre le pouvoir sur nous et nous dévorer. Accueillerons-nous **Chasseur - Sauveur** quand il viendra nous délivrer ?

C'est la partie de nous qui assume pleinement ses désirs et ses pulsions.

Stratégie, habileté, sang-froid, volonté, ténacité, autorité, aventure, transgression, anticonformisme, persuasion, séduction, magnétisme, sexualité puissante, initiation.

Piège, danger, fascination, emprise, manipulation, machiavélisme, perversité, duplicité, cynisme, domination, prédation, inhumanité, sauvagerie, sexualité déshumanisée.

ASSOCIATIONS DE CARTES

✦ Avec **3. Paroles**, des mots séduisent ou manipulent ; une discussion permet de désamorcer un piège ; une personne persuasive vous entraîne dans une affaire louche.

✦ Avec **29. Sorcière**, un couple est dangereusement transgressif ; une fascination amoureuse s'avère destructrice ; vous vous rebellez pour échapper à une emprise.

✦ Avec **34. Table dressée**, une invitation à dîner n'est pas désintéressée ; vous autorisez-vous à profiter des plaisirs des sens ?

16 DRAGON - ADVERSAIRE

PASSION, COLÈRE OU ENTHOUSIASME, LE FEU BRÛLE EN MOI

LE CONTE

Affronter un dragon est une épreuve que traversent nombre de héros pour libérer un royaume, sauver une princesse ou accéder à un trésor caché.

Dans *Les Deux Frères,* un jeune homme se rend au sommet d'une montagne pour combattre un dragon à sept têtes, dont chacune crache du feu. Il tuera le monstre en coupant ses têtes à l'aide d'une épée magique.

SYMBOLIQUE

Au cœur d'un brasier, le héros – ou l'héroïne – et l'animal s'affrontent, se défient… La guerre est déclarée, l'issue du combat est encore incertaine.

Avec **Dragon - Adversaire**, un rapport de force très direct nous met face à une hostilité franche ou à notre propre agressivité.

Esquiver, négocier ne mènera à rien, il faut maintenant se positionner. Cette carte évoque aussi la guerre intérieure, la violence dirigée contre soi.

Les forces en présence peuvent sembler inégales, pourtant le halo qui entoure le personnage le montre porté par une puissance de conviction, de spiritualité…

Quel est mon dragon personnel ?

Juste combat ou brutalité d'une guerre sainte ?
Avec cette carte, le monde apparaît menaçant. Face à un obstacle réel ou supposé surgissent l'agacement, l'impatience. La colère éclate.
Pourtant, au sein de ce feu jaillissant, l'enthousiasme et l'énergie se déploient librement. **Dragon - Adversaire** signale également une opposition stimulante, une lutte nécessaire.
Les doigts du personnage et les griffes du dragon sont entrelacés indiquant une proximité, un lien particulier. Ce feu, comme une fleur palpitante, évoque alors la passion qui embrase, l'amour incandescent, le diable au corps…

ÉLÉMENTS D'INTERPRÉTATION

*Si **Dragon - Adversaire** vous favorise :*

Un conflit favorise une mise au point, libère des sentiments intenses, des émotions fortes.
Vous affrontez courageusement l'adversité. Vous luttez avec ardeur pour défendre vos intérêts, vos idées, votre liberté… Vous brûlez ce qui doit l'être dans un élan de purification. Vous avez un tempérament volcanique.
Participer à une compétition vous enthousiasme, vous vivez une passion brûlante.

*Si **Dragon - Adversaire** s'oppose à vous :*

Vous devez affronter une personne impatiente, irritable. Son esprit n'est jamais en paix, elle est « sur les charbons ardents », elle vit un conflit intérieur.
Sa vie est une lutte, une compétition permanente. Il lui faut vaincre, imposer ses points de vue, se venger.
Vous vous retrouvez dans un combat que vous n'avez pas choisi. Vous vous faites agresser, vous vivez une passion destructrice.

Affectif

Vous rencontrez une personnalité éruptive, des échanges vifs font naître un sentiment puissant. Votre partenaire est fougueux, l'amour vous enflamme.
Une lutte commune vous rapproche, un conflit fait avancer une relation, vous vous battez avec beaucoup d'énergie pour sauver votre couple.

Vous vous disputez avec des amis, un affrontement éclate au sein du couple ou de la famille. Vous faites face à une violence verbale, physique ou sexuelle.
Une rivalité amoureuse, une jalousie incontrôlable, une séparation conflictuelle vous met en furie. L'autre semble soudain monstrueux.
Vous luttez contre vos désirs et vos sentiments, une passion amoureuse est destructrice.

✦ *Professionnel*

Les difficultés professionnelles vous stimulent, vous vous attaquez avec enthousiasme à un dossier difficile. Une dispute au travail remet les choses au clair, une lutte sociale aboutit heureusement.
Œuvrer dans un secteur très concurrentiel vous donne l'occasion de vous dépasser. Vous vous formez en gestion de conflits.

L'ambiance est très agressive, la colère explose, des disputes n'aboutissent à rien de constructif. La hiérarchie tente de vous abattre, une lutte sociale dégénère.
Vous essuyez des critiques injustes et destructrices. Une compétition est trop violente, la concurrence vous malmène.

✦ *Forme*

Une colère vous redonne de l'énergie, vous bénéficiez d'une bonne immunité. Lutter contre une maladie vous stimule.
Vous aimez la compétition sportive, vous pratiquez des sports de combat.

Vous avez de la fièvre, une inflammation, une maladie auto-immune. Un traitement est trop agressif. Vous luttez contre vos démons intérieurs.
Vous êtes au cœur d'un affrontement sur un sujet de santé.
Une personne est colérique, paranoïaque, autodestructrice.

L'ENSEIGNEMENT SPIRITUEL DE DRAGON - ADVERSAIRE

Avec **Dragon - Adversaire**, nous entrons dans un monde de dualité où toute différence est perçue comme dangereuse et doit être éliminée.
Sur cette carte, le chevalier et le dragon s'affrontent sans voir qu'ils portent les mêmes couleurs… Ainsi, l'être peut rejeter violemment des parties de lui-même en pensant combattre l'autre ou simplement lutter contre l'adversité.
Pourtant, la lumineuse épée que brandit le personnage, cette conscience éclairée, nous invite à admettre que nous créons souvent nos propres dragons, nos peurs, nos oppositions.
Si nous parvenons à voir dans celui qui nous agresse le reflet de notre propre violence, le flamboiement du brasier purifiera tous ces sentiments violents enfin portés à la conscience.

C'est la partie de nous qui s'appuie sur l'adversité pour évoluer.

Ardeur, vitalité, exaltation, enthousiasme, courage, énergie, action, juste combat, puissance, chaleur, motivation, émulation, passion, libido.

Violence, agressivité, colère, dualité, rivalité, intolérance, provocation, adversité, stress, conflit intérieur, jalousie, vengeance, paranoïa, guerre « sainte ».

ASSOCIATIONS DE CARTES

✦ Avec **9. Haute tour**, votre partenaire est insensible à votre colère ; vous devez lutter ferme pour accéder à un poste élevé ; vous guettez d'éventuels départs de feux de forêt.

✦ Avec **28. Cendres**, il ne reste plus rien d'une passion ; une violente dispute avec des collègues a anéanti toute confiance entre vous.

✦ Avec **5. Village - Cité**, vous combattez un projet de société qui vous semble monstrueux ; vous luttez pour défendre votre position sociale.

17

FÉE

JE PRENDS PART À LA MAGIE BIENVEILLANTE DE L'UNIVERS

LE CONTE

La fée, charmante apparition, vient secourir le héros ou l'héroïne à un tournant de sa vie. Dans *Peau d'Âne*, elle aide sa filleule à échapper aux assiduités de son père, dans *Cendrillon*, elle permet à l'héroïne de briller au bal jusqu'à minuit et dans *La Belle au Bois dormant*, elle transforme le sort qui devait faire mourir la princesse en un sommeil de cent ans.

SYMBOLIQUE

Nimbée d'un doux rayonnement, une fée souriante se tient devant nous comme une petite déesse de l'air. Un rouge-gorge, image de la compassion et de l'amour joyeux, est posé sur sa main. Tous deux sont unis par une tendre complicité.
Figure protectrice et image inversée de la **Sorcière**, la fée dispense son aide avec légèreté. Elle soutient, réconforte et use de ses pouvoirs magiques pour réaliser les souhaits de ceux qui lui font confiance.
Elle apparaît et disparaît comme par enchantement, passant prestement d'un monde à l'autre. Son aide se révèle parfois éphémère et, quand à minuit tout s'évanouit, il ne reste plus que le souvenir d'une illusion…

Comment être ma propre fée ?

La fée, malicieux ange gardien, sait ce qui est important, mais ne se prend pas au sérieux. Si cette carte évoque un soutien céleste, elle représente aussi la capacité à s'aider et à se considérer avec bienveillance. Laisser la magie de l'univers agir à travers soi fait fleurir des solutions créatives.
En négatif, **Fée** évoque une personne irréaliste, qui effleure la vie et évite de s'impliquer dans le monde concret.

ÉLÉMENTS D'INTERPRÉTATION

*Si **Fée** vous favorise :*

Vous mettez de la magie dans votre quotidien, vous laissez la chance vous sourire, vous avez le don de tirer le meilleur parti d'une personne ou d'une situation.
Une idée merveilleuse arrive à point. Vous avez une imagination fertile, votre créativité est fluide et très esthétique.
Un être bienveillant vous écoute et vous conseille.

*Si **Fée** s'oppose à vous :*

Rester dans vos rêves ou vos idéaux, penser que vos problèmes vont se résoudre par magie et laisser aux autres les contraintes du matériel vous empêchent de construire votre vie. Vous n'habitez pas votre corps et vous vous coupez de vos pulsions.
Une idée plaisante ou un être séduisant se révèle sans consistance. Des fantasmes tentent de compenser des frustrations. Une protection vous échappe au dernier moment.

+ *Affectif*

Vos proches vous entourent de leur affectueuse protection. Vous inspirez un sentiment délicat. Une complicité charmante, une tendresse légère vous unit à l'autre.
L'amour vous fait vivre des moments magiques, la chance sourit à votre relation, vous recevez un cadeau désintéressé.
Une entente est délicieusement fugace.

Un fantasme entraîne des déceptions. Une relation platonique vous frustre, vous concevez de faux espoirs, vous rencontrez une personne qui séduit sans s'engager, vous idéalisez l'autre.
Une relation manque de profondeur affective, l'amour physique n'y a pas sa place. Un sentiment est fluctuant, il ne s'ancre pas dans le réel.

✦ *Professionnel*

Une personne vous parraine avec bienveillance, un projet reçoit une aide ponctuelle, la chance est de votre côté.
Les contacts sont agréables, l'ambiance de travail est plaisante et légère, vos idées très créatives séduisent, vous savez charmer si nécessaire.

Une aide vous échappe, une personne vous fait faux bond, un partenaire ne fait pas le poids. Vous passez à côté de la chance.
L'étourderie et le manque de sens pratique risquent de faire échouer un projet.
Vous vous illusionnez sur les chances de réussite d'une affaire.

✦ *Forme*

Une personne vous dispense de bons conseils, son aide est efficace et légère. Une thérapie fait merveille, un mieux-être se fait sentir rapidement.
La détente et la confiance dans la vie favorisent une guérison.

Un remède est trop léger, un résultat positif ne se stabilise pas, un thérapeute n'est pas fiable. Un traitement pris par intermittence perd de son efficacité. Des espoirs sont irréalistes.
Vous désintéresser de votre corps risque de se retourner contre vous.

L'ENSEIGNEMENT SPIRITUEL DE FÉE

Par son approche légère et douce, **Fée** invite à s'ouvrir à la magie de l'univers, à reconnaître et accepter ses cadeaux.
La fée marraine, qui intervient quand l'héroïne ou le héros est en difficulté, évoque la capacité à demander de l'assistance quand c'est nécessaire et à l'accepter quand on nous l'offre. Mais avant tout, elle nous propose d'être notre propre fée, de nous protéger et de nous soutenir avec bienveillance, quoi qu'il arrive.
Pour l'être qui rencontre des obstacles sur son chemin d'évolution, **Fée** représente la demande d'aide du moi qui reconnaît sa propre faiblesse et accueille avec gratitude les solutions créatives issues de son cœur, de sa claire conscience.

C'est la partie de nous qui s'ouvre en confiance à la magie du monde.

Chance, aide, protection, soutien, bienveillance, sympathie, bonté, idéalisme, imagination, créativité, don, inspiration, muse, poésie, légèreté, malice, magie de la vie.

Irréalisme, fantasme, illusion, faux espoir, distraction, évitement, indifférence, fuite, instabilité, superficialité, narcissisme, agitation, inconstance.

ASSOCIATIONS DE CARTES

✦ Avec **15. Loup**, votre naïveté attire les escrocs ; une relation romantique devient très sensuelle ; une personne d'apparence délicate s'avère machiavélique.

✦ Avec **27. Petits cailloux**, une idée lumineuse permet de résoudre une problématique complexe ; votre irréalisme vous place dans une situation amoureuse inextricable.

✦ Avec **31. Clef**, une idée providentielle vous permet d'acquérir la maison de vos rêves ; une douce complicité vous aide à franchir un cap important.

18

FOYER

JE ME RÉFUGIE OU JE M'ENFERME DANS LA CHALEUR DU FOYER

LE CONTE

Blanche-Neige, perdue dans la forêt, trouve refuge dans la maison des sept nains, le Petit Chaperon rouge se croit en sécurité en entrant chez sa grand-mère sans savoir que le loup l'attend, le Petit Poucet sème des petits cailloux pour retourner chez ses parents…
Dans les contes, comme de façon universelle, le foyer est considéré comme un lieu accueillant et rassurant.

SYMBOLIQUE

Par une froide nuit, la famille est paisiblement réunie autour de la cheminée. Pendant que le repas mijote dans la marmite, la grand-mère lit une histoire que tous écoutent attentivement. La veillée est un moment privilégié pour entendre les contes de fées, ces récits initiatiques destinés à toutes les générations.
Foyer nous plonge dans l'intimité, le quotidien. Cette carte évoque la famille et par extension tout groupe dans lequel on se sent accueilli, enveloppé. Elle représente un lieu de transmission des valeurs, qui cadre et protège, des racines auxquelles nous pouvons nous raccrocher… ou qui nous emprisonnent.

Comment me relier à ma famille d'âme ?

Bien vécue, cette carte parle d'une intimité rassurante, de la nourriture du partage et du réconfort. Elle raconte aussi le monde préservé de l'enfance.
En négatif, **Foyer** évoque l'immaturité, le repli sur soi. Un besoin de sécurité fait adhérer aux valeurs d'un groupe ou d'un système fermé. C'est alors la tentation communautariste, la crainte de l'exclusion.

ÉLÉMENTS D'INTERPRÉTATION

*Si **Foyer** vous favorise :*

Vous partagez des moments chaleureux et réconfortants auprès de gens dont vous vous sentez proche. Votre quotidien est agréable, un lieu douillet vous sécurise. Le monde de l'enfance vous touche et vous inspire. Vous êtes à l'aise dans un groupe dont vous partagez les valeurs, vous parvenez à intégrer un cercle fermé.

*Si **Foyer** s'oppose à vous :*

Un système est oppressant et infantilisant, il engendre des comportements immatures.
La routine est pesante, vous restez au foyer contre votre gré, vos choix sont dictés par l'insécurité. Votre rapport à la nourriture est compliqué. Dépendance ou rejet, la relation au groupe est difficile.

✦ *Affectif*

Vous évoluez dans une agréable intimité, une relation est rassurante, la vie commune est plaisante. Votre famille est unie, l'harmonie règne entre les générations, les repas sont des moments de partage.
Le foyer est confortable, l'enfance y est heureuse, la famille s'agrandit. Vous êtes en paix avec vos origines.

La famille est oppressante, parfois toxique. Elle impose sa culture et rejette tout apport extérieur.
Le choix de la sécurité l'emporte sur celui du cœur, vous vous repliez sur votre foyer. Une relation est trop routinière, le quotidien tue l'amour, un des partenaires est infantile. Les différentes générations ne se comprennent pas.
Vous ne connaissez pas ou vous n'acceptez pas vos racines.

✦ *Professionnel*

Vous intégrez une entreprise familiale, une société où vous vous sentez à l'aise, vous bénéficiez d'un emploi protégé. Une petite équipe fait du bon travail. Votre réseau familial vous permet de trouver un emploi.
Vous exercez une profession en lien avec la famille, les enfants, l'alimentation, l'aménagement d'intérieur… Le télétravail vous convient bien.

La sécurité de l'emploi l'emporte sur l'intérêt du travail, un poste est trop routinier. Un système est déresponsabilisant, ses valeurs ne vous conviennent pas.
Des contraintes familiales freinent votre carrière, travailler avec des proches vous pèse.
Une entreprise ou un domaine qui vous attire semble très fermé.

✦ *Forme*

Vous avez un rapport équilibré à la nourriture. Vous vivez une grossesse heureuse. Un médecin de famille a toute votre confiance.
La présence de proches favorise un mieux-être. Une petite indisposition vous permet de rester chez vous.

La relation à la nourriture est difficile, une grossesse est compliquée.
Un traumatisme d'enfance est toujours présent. Un problème de santé est d'origine génétique, il vous exclut d'un groupe ou vous y enferme.

L'ENSEIGNEMENT SPIRITUEL DE FOYER

L'aïeule lit les contes, ces récits d'initiation, au coin du feu. Toute la famille l'écoute avec attention. Ainsi, pour l'être qui est dans une démarche spirituelle, **Foyer** représente un espace d'enseignement auprès d'une personne garante de la sagesse. Quand nous avons besoin d'être guidés lors de nos débuts sur la voie de l'évolution, quand nous sommes plus expérimentés et que nous cherchons une réassurance ou un approfondissement, nous pouvons rejoindre un groupe de pratiquants qui partagent notre démarche. Dans cette famille d'âme, débutants ou plus avancés trouvent chaleur et encouragement, et s'offrent un soutien réciproque. Mais pour acquérir une réelle profondeur, cet enseignement doit être intégré à la vie. C'est pourquoi chacun repart vers son histoire personnelle pour se retrouver ensuite, riche de son expérience, dans le bonheur du partage.

C'est la partie de nous qui sait retrouver à tout moment son refuge intérieur.

Intimité, sécurité, refuge, réconfort, protection, solidarité, agréable quotidien, confort, nourriture, enfance, racines.

Surprotection, infantilisation, immaturité, boulimie, anorexie, contrôle du groupe, conservatisme, routine, ennui, fermeture, confinement, exclusion, secte.

ASSOCIATIONS DE CARTES

✦ Avec **16. Dragon - Adversaire**, un conflit éclate dans une famille en apparence unie ; vous luttez avec ardeur pour protéger votre communauté,

✦ Avec **2. Rose d'épine**, vous vous enfermez dans le cocon familial ; vous revenez dormir dans votre chambre d'enfant.

✦ Avec **33. Joueur de flûte**, des idées développées en petit comité se propagent largement ; jouer sur la peur et l'insécurité permet de manipuler l'opinion.

19

PRINCE ET PRINCESSE

BRILLANTE RÉUSSITE, UNION HEUREUSE... IMAGE OU RÉALITÉ ?

LE CONTE

Le bal, qui célèbre un couple radieux, se retrouve dans de nombreux contes. Triomphe de Cendrillon ou de Peau d'Âne qui ont été reconnues par leur prince sous leurs guenilles, riches épousailles de la Belle au Bois dormant enfin réveillée… Cette union éclatante scelle la réussite de l'héroïne ou du héros après bien des épreuves.

SYMBOLIQUE

Dans le somptueux décor d'un bal de cour, un couple se tient devant nous, uni dans une danse solennelle.
La robe couleur de soleil de la princesse, qui irradie la chaleur du cœur, s'accorde à la tenue couleur de lune de son prince. L'ensemble évoque une heureuse complémentarité entre les valeurs diurnes (conscience, action) et nocturnes (perception, sensibilité).
Prince et princesse marque un aboutissement, même s'il s'avère provisoire. Les amoureux sont réunis, ils ont vaincu les obstacles qui les séparaient.
Jeunes, beaux et richement vêtus, ils présentent l'image d'une éclatante réussite sociale. Dans cette mise en scène,

Comment exprimer ma valeur au grand jour ?

les autres personnages semblent n'être que des silhouettes, des figurants. Mais le malicieux Chat botté n'est peut-être pas dupe…
À droite de la princesse, une forme étrange intrigue. La dépouille de Peau d'Âne évoque des origines peu reluisantes, une animalité refoulée ou un sombre secret. Les apparences sont parfois trompeuses.
Avec **Prince et princesse**, tout est spectaculaire. Une union, un partenariat brillant ou toute forme de succès se donne à voir. Mais les apparences priment-elles sur le cœur ? Tirer une carte supplémentaire permettra d'orienter la réponse.

ÉLÉMENTS D'INTERPRÉTATION

Si ***Prince et princesse*** *vous favorise :*

Une union ou une association réussit brillamment, une complémentarité conduit au succès, vous nouez une alliance de qualité.
Une relation, une situation, un sentiment est assumé au grand jour.
Vous savez mettre vos qualités en valeur, vos créations sont reconnues, vous rayonnez. Vous atteignez un idéal affectif, financier ou social.

Si ***Prince et princesse*** *s'oppose à vous :*

Une personne se laisse aveugler par les apparences. Elle a besoin d'un public, recherche l'admiration et pense être « arrivée ».
L'orgueil est plus fort que tout, une réussite affichée cache une réalité plus sombre.
Un couple s'oppose à vos desseins, une relation vous empêche d'évoluer.

Affectif

Un cœur noble et généreux s'éprend de vous, vous rencontrez votre idéal amoureux.
Vous vivez dans une harmonieuse complémentarité, vous créez en commun, vous concevez un enfant.
Une relation est mise en lumière. Votre mariage est célébré dignement, il vous apporte une aisance matérielle et un statut social.

Une union ne repose que sur des apparences, un couple enviable cache un lourd secret.
Une personne recherche le prestige au travers du partenaire, confond l'amour et l'admiration. Elle idéalise l'autre, se perd dans des clichés romantiques.
L'être aimé est déjà engagé par ailleurs.

✦ *Professionnel*

Un partenariat, la fusion de deux sociétés donne d'excellents résultats. Vous rencontrez votre conjoint par le biais du travail. Un couple réussit en affaires.
Vous alliez logique et intuition. Votre travail vous valorise, vos talents sont reconnus et célébrés.
Vous êtes à l'aise dans l'univers du spectacle et de la représentation.

Choisir un partenaire prestigieux était une erreur, une association séduisante ne fonctionne pas.
Seules les apparences comptent, une réalisation spectaculaire s'avère médiocre à l'usage.
Un contrat est inéquitable ou difficile à rompre. Des concurrents fusionnent et vous barrent la route.

✦ *Forme*

Le corps et l'esprit sont en harmonie, vous avez un bon équilibre émotionnel, vous rayonnez.
Vous êtes en phase avec votre praticien. La présence de votre conjoint favorise votre guérison, danser en couple est une bonne thérapie.

Une apparente réussite cache un déséquilibre intérieur, de la tristesse.
Un praticien célèbre ou une thérapie en vogue ne vous convient pas.
Tomber malade n'est pas la bonne façon de retenir une personne ni d'attirer l'attention.

L'ENSEIGNEMENT SPIRITUEL DE PRINCE ET PRINCESSE

Après le temps des épreuves vient celui du triomphe. **Prince et princesse** célèbre le mariage glorieux des héros du conte, à l'image de l'union parfaite de la Lune et du Soleil.
De même, en nous, peuvent s'associer avec bonheur le féminin et le masculin, le yin et le yang, la réceptivité et l'action, la perception et l'objectivité…
Pour l'être qui est sur la voie de l'évolution, c'est un moment de retrouvailles avec lui-même et sa nature profonde. La peau d'âne qui gît dans un coin montre qu'il s'est dépouillé des défroques de ses douleurs et de ses préjugés. La nuit et le jour s'unissent en lui, et dansent l'harmonie sacrée de la conscience triomphante.

C'est la partie de nous qui harmonise intimement le féminin et le masculin.

Union, association, alliance, mariage, loyauté, générosité, noblesse de cœur, rayonnement, idéal, beauté, spectacle, réussite sociale, richesse.

Image, apparences, ostentation, insincérité, histrionisme, orgueil, aveuglement, idéalisation, couple d'apparat, sentiment intéressé.

ASSOCIATIONS DE CARTES

✦ Avec **18. Foyer**, une brillante réussite n'empêche pas une vraie simplicité ; une merveilleuse rencontre débouche sur un quotidien un peu terne.

✦ Avec **24. Cheminement**, une union traverse le temps ; la fusion de deux sociétés permet de faire avancer un ambitieux projet.

✦ Avec **31. Clef**, une alliance vous donne accès à un monde qui vous était fermé jusqu'à présent ; une association professionnelle vous prive de votre liberté.

20 RÉVEIL

JE ME LIBÈRE ET ME RÉVÈLE À MOI-MÊME

LE CONTE

Blanche-Neige, réfugiée dans la forêt, mange la pomme empoisonnée que lui tend sa terrible belle-mère déguisée en vieille femme, et en meurt. Le fils du roi, qui est tombé amoureux de la jeune fille, emporte le cercueil en verre dans lequel elle a été placée. Mais les porteurs trébuchent et le cercueil se brise en mille morceaux. Blanche-Neige revient brusquement à la vie.

SYMBOLIQUE

Blanche-Neige renaît après être passée par l'expérience de la mort, ce sommeil dont elle ne devait pas revenir.
Les cheveux dénoués, les bras grands ouverts, elle célèbre la joie extrême de cette libération. **Réveil** figure une renaissance, l'éveil à une autre approche de la vie, la révélation de soi-même.
Avec cette carte fulgurante, une émotion jaillit, des résistances se brisent, des structures figées explosent.
Parfois, cette intense libération est mal vécue, une prise de conscience s'avère inconfortable.

Que dois-je ressusciter en moi ?

Réveil peut aussi évoquer une expression émotionnelle désordonnée, une vision erronée de la liberté qui conduit à des actions regrettables. Mais au-delà de tout, c'est une célébration festive de la vie et les retrouvailles avec sa vérité profonde qui s'exprime dans cette expansion joyeuse.

ÉLÉMENTS D'INTERPRÉTATION

Si ***Réveil*** *vous favorise :*

Une idée très novatrice, un éclair de lucidité, une prise de conscience soudaine s'impose à vous. Une rupture soudaine vous libère, un « coup

de fouet » vous oblige à réagir. Une heureuse révélation vous transporte.
Vous faites sauter vos limitations, vous brisez un plafond de verre, vous retrouvez votre liberté d'être et de penser.
Des sentiments et des émotions s'expriment enfin, vous vous dévoilez.

*Si **Réveil** s'oppose à vous :*

Une révélation, une déception vous fait tomber de haut. Vous subissez un accident de parcours.
Vous devez supporter des comportements exaltés ou explosifs, un émotionnel perturbé, des éclats de voix. Des secrets ne devraient pas être révélés.
Une fausse impression de contrainte entraîne des réactions radicales, il ne faut pas confondre libération et destruction.

◇◇◇◇◇◇◇◇◇◇

Affectif

Une brusque déclaration d'amour, un coup de foudre vous galvanise.
Vous « brisez la glace » avec une personne qui vous plaît.
L'arrêt rapide d'une relation, la révélation d'un secret de famille vous soulage.
Vous vous dégagez des contraintes familiales et des idées reçues sur le couple. Vous revendiquez vos choix amoureux, vous libérez votre corps et sa sensualité.

Une rupture brutale, une révélation sur un proche vous foudroie. L'être aimé reprend sa liberté.
De violentes disputes éclatent. Une mauvaise nouvelle, une découverte fait exploser une relation. La famille vole en éclats.

✦ *Professionnel*

Un projet innovant casse tous les codes, vous libérez votre créativité.
Votre vocation se révèle brusquement, votre carrière explose.
Une opportunité inattendue vous dégage de pénibles contraintes professionnelles.

Vos illusions volent en éclats. Vous subissez un licenciement inattendu, un échec retentissant, la destruction d'un projet. Des financements sont brutalement refusés.
Un collaborateur claque la porte. De vieux problèmes resurgissent inopinément. Un manque de retenue se retourne contre vous.

✦ *Forme*

Un mieux-être survient brusquement. Une naissance est rapide. Une thérapie innovante vous réussit, vous vous régénérez.
Votre parole se libère enfin, des blocages se dégagent, le plaisir physique s'exprime.

Un accès d'impatience, une secousse nerveuse, une crise de nerfs vous épuise. Vous subissez un choc brutal, un accident.
Une thérapie déclenche des réactions violentes, des substances excitantes ne vous réussissent pas.

L'ENSEIGNEMENT SPIRITUEL DE RÉVEIL

Cette carte interroge sur l'essence de la liberté. Pourquoi nous sentons-nous souvent restreints, enfermés dans notre vie ?
Quand un être évolue, sa conscience s'ouvre. Il comprend alors qu'il est prisonnier de ses fonctionnements souffrants et de ses croyances limitantes, dont les contraintes extérieures ne sont que l'écho.
Blanche-Neige ressuscite dans l'éclatement de son cercueil, elle peut enfin respirer largement. De même, en faisant exploser la structure figée de l'ego, cette glace qui nous sépare de la réalité du monde, nous pouvons goûter à la liberté d'être.
Réveil montre que notre conscience n'est jamais morte, mais toujours prête à jaillir pour peu que nous laissions l'espace se déployer en nous.

C'est la partie de nous qui fait voler en éclats ses carcans.

Libération, soulagement, découverte, éclair de lucidité, idée géniale, innovation, révolution, miracle, grâce, éveil de conscience, renouveau, orgasme.

Choc, désillusion, excitation, déchaînement, explosion émotionnelle, crise de nerfs, éclats de voix, colère, violence, destruction, foudroiement.

ASSOCIATIONS DE CARTES

✦ Avec **5. Village - Cité**, révéler votre vraie nature sert votre popularité ; oser dénoncer un abus fait avancer la loi.

✦ Avec **28. Cendres**, une explosion de colère détruit une relation ; vous vous libérez des contraintes ménagères ; vous réalisez brusquement qu'il est nécessaire d'abandonner un projet.

✦ Avec **32. Trésor**, une idée novatrice s'avère très rentable ; un coup de foudre vous révèle la valeur de l'amour ; des démonstrations émotionnelles cachent vos véritables sentiments.

21

AMOUR VRAI

MON CŒUR RAYONNE D'AMOUR

LE CONTE

L'amour est très présent dans les contes. C'est lui qui réveille la Belle au Bois dormant (Rose d'épine) de son long sommeil, qui permet de voir la beauté de Peau d'Âne ou de Cendrillon au-delà des apparences. Et quand un prince est transformé en animal à la suite d'un sortilège, comme dans *La Belle et la Bête*, c'est encore l'amour qui lui rend sa forme initiale.

SYMBOLIQUE

Sous l'effet d'un amour vibrant, le cœur s'ouvre et se déploie en une fleur céleste. Sa lumière bleutée envahit tout l'espace, enveloppant le monde d'une tendre bénédiction. Dans sa puissance absolue, au-delà des mots et des formes, l'amour couronné règne en majesté.

Avec **Amour vrai**, les êtres se reconnaissent, l'affection s'exprime, les mains et les corps s'étreignent. Et quand l'amour devient inconditionnel et va au-delà de soi, il ouvre à l'expérience de réunification avec le divin.

Amour vrai évoque un moment de plénitude à deux, une relation qui réveille l'étincelle qui brûle en chacun de nous.

Comment ouvrir mon cœur en toute liberté ?

Mais quand l'incapacité à trouver l'amour en soi oblige à le rechercher sans cesse chez l'autre, la dépendance émotionnelle s'installe et nous enchaîne.

ÉLÉMENTS D'INTERPRÉTATION

*Si **Amour vrai** vous favorise :*

La sphère des sentiments est privilégiée. Votre cœur est ouvert, vos actions et vos paroles sont guidées par un amour simple et sincère. Vous vous épanouissez dans un couple, une association, un étroit partenariat qui respecte la liberté de chacun.
Votre créativité est foisonnante. Vous vous ouvrez à l'amour divin.

*Si **Amour vrai** s'oppose à vous :*

Une relation fusionnelle se ferme au monde extérieur, elle tourne en rond sur ses valeurs. Deux personnes très unies s'opposent à vous ou vous excluent.
Trop dépendre d'un être, d'une collaboration vous fragilise et vous fait oublier vos propres capacités.

Affectif

Votre cœur s'ouvre, votre compassion s'exprime avec beaucoup de justesse, un sentiment vous transporte.
Vous vivez un amour idéal, vous vous ouvrez à votre partenaire en toute confiance. Un sentiment perdure au-delà des temps.
L'amour est un don de soi, il se vit dans la liberté et l'acceptation de l'autre, il conduit à l'ouverture spirituelle.

Un attachement est trop contraignant, un lien fusionnel coupe de toute réalité, la dépendance affective n'est pas de l'amour. Une expérience sentimentale est douloureuse, le cœur est lourd.
Une relation est déséquilibrée, les partenaires ne vivent pas la même histoire. L'amour est fantasmé, l'autre est idéalisé, il aime ailleurs.

Professionnel

Votre créativité est sans limites, des réalisations venues du cœur se diffusent largement. Vous rencontrez le grand amour au travail.
Un couple uni dirige un projet ou une entreprise. Une fusion, un partenariat vous réussit.

Vous exercez une profession dédiée aux rencontres amoureuses, au compassionnel, au spirituel.

L'attachement émotionnel à un poste ou une entreprise vous empêche d'évoluer.
Une histoire d'amour complique votre carrière, un chagrin affectif se répercute sur le travail.
Vous devez faire face à l'opposition d'un couple ou d'associés très proches. Fusionner des entreprises est une erreur.

✦ *Forme*

S'aimer et s'accepter inconditionnellement favorise le bien-être, un sentiment véritable vous aide à traverser un problème de santé.
Des pensées d'amour envers un organe malade peuvent le soutenir, un secours religieux ou spirituel est appréciable.

Une douleur affective, un manque d'amour affaiblit l'organisme. Le cœur est fragile.
Ne pas exprimer un sentiment vous étouffe, tomber amoureux de son thérapeute n'est pas la bonne option.

L'ENSEIGNEMENT SPIRITUEL D'AMOUR VRAI

Approcher l'**Amour vrai** fait sortir des sentiers battus du cœur. Ce qui s'empare de nous, comme une transcendance, balaie tout ce que nous pensions en savoir.
L'amour qui se déploie dans toute sa pureté ne se réfère à aucun code, n'a pas de morale et ne se sent redevable de rien. Nul ne peut le tenir, le modeler à ses désirs. Il est libre d'inventer sa forme, de changer, de disparaître ou de durer toute une vie...
La peur du rejet et de l'abandon, les manques affectifs ne sont que des manifestations de nos souffrances intérieures. C'est en nous reliant à notre propre source d'amour que nos sentiments pourront se manifester dans toute leur plénitude.
Avec **Amour vrai**, le cœur s'ouvre dans la joie et rejoint le céleste dans un rayonnement irrépressible.

C'est la partie de nous qui se relie à sa source d'amour.

Amour inconditionnel, libre, lucide, union heureuse, association parfaite, fusion réussie, ouverture du cœur, don de soi, créativité, spiritualité.

Dépendance, possessivité, jalousie, tyrannie, cœur brisé, relation déséquilibrée, idéalisation de l'amour, égoïsme à deux, fusion mal gérée.

ASSOCIATIONS DE CARTES

✦ Avec **6. Croisée des chemins**, vous décidez de suivre la voie du cœur ; rencontrer le grand amour vous oblige à reconsidérer vos choix de vie.

✦ Avec **15. Loup**, un cœur aimant sait aussi défendre ses intérêts ; une personne joue avec vos sentiments ; l'amour brave tous les interdits.

✦ Avec **28. Cendres**, il ne reste plus rien d'une belle association professionnelle ; un sentiment puissant réduit en cendres vos idées sur l'amour.

22 COULEUR DU TEMPS

JE DANSE L'IMPRÉVISIBILITÉ DE LA VIE

LE CONTE

L'héroïne de *Peau d'Âne* cherche à échapper à son père qui désire l'épouser. Afin de l'aider, sa marraine la fée lui conseille de réclamer au préalable à son père une robe couleur du temps, qui semble impossible à réaliser…

SYMBOLIQUE

Soleil, nuages, pluie, neige, douce brise, bourrasques, tempêtes… Le temps météorologique a son rythme propre, sur lequel il est vain de vouloir intervenir. Il reste souvent imprévisible et, quand l'être humain s'interpose dans cet équilibre, il court le risque d'être submergé, voire détruit.

Cette robe couleur du temps, fluide et légère, nous entraîne dans une danse des éléments. Nous pouvons nous draper dans un arc-en-ciel, tournoyer avec le feu du soleil, avec la pluie, avec le sable et l'air des vents du sud…

Devant la vie et ses changements, **Couleur du temps** nous montre le chemin de la flexibilité. Variations de couleur, de température, d'humeur…

De quoi dois-je m'alléger ?

Nous prenons conscience que nous ne tenons rien et que tout peut changer en un clin d'œil.

Mal vécue, cette carte figure une situation douloureusement instable, un être difficile à cerner, qui ne suit que ses caprices et part avec le vent.

Quand cette lame impalpable sort en réponse à une question très concrète, il est préférable de la recouvrir par une autre carte.

ÉLÉMENTS D'INTERPRÉTATION

*Si **Couleur du temps** vous favorise :*

Très adaptable, vous prenez plaisir à jouer avec les changements. Vous vous accordez la liberté d'être vous-même, de changer d'avis, de vous affranchir des apparences et des contraintes.
Vous vous dégagez sans regret d'un lieu, d'une personne, d'un travail si c'est nécessaire. Vous savez que rien ne dure, vous lâchez prise et ne vous attardez pas sur les souffrances ou les souvenirs.

*Si **Couleur du temps** s'oppose à vous :*

Le tempérament est instable, versatile. Une personne de votre entourage est trop influençable, elle manque de fond, de structure. Elle ne tient pas ses engagements.
Les choix sont irrationnels, soumis au caprice de l'instant. Rien n'est achevé, tout peut basculer à tout moment.
Une incertitude entraîne un pénible sentiment d'insécurité.

Affectif

Les amis vont et viennent avec légèreté, vous amusez de vos amourettes, vous suivez les imprévisibles élans de votre cœur. Vous tournez sans regret une page affective.
Une relation reste toujours surprenante, votre partenaire est agréablement fantasque, vous pratiquez l'amour libre.

Une rencontre restera sans suite, les serments s'envolent. Votre partenaire vous échappe, il est lunatique, inconstant.
Des déménagements incessants, un manque de repères déstabilisent une famille. Un enfant est instable, capricieux.

✦ *Professionnel*

Vous passez avec aisance d'un travail à un autre, vous changez de niveau de revenu sans problème, vous vous adaptez aux réussites comme aux échecs.

Vous privilégiez votre liberté créatrice, vous suivez les tendances. Vous travaillez de façon indépendante, en intérim ou en intermittence.

Votre situation est instable, le marché est très volatil. Un projet manque d'assise.
Un collaborateur est imprévisible ou trop influençable, des engagements ne seront pas tenus. Changer sans cesse de stratégie est contre-productif.

✦ *Forme*

Lâcher prise sur un souci de santé dégage l'esprit. Des contraintes médicales s'allègent, vos idées noires s'envolent.
Votre souplesse s'améliore, votre humeur ne dépend pas de la météo.

Vos symptômes sont fluctuants et indéfinissables. Vous êtes trop désinvolte avec votre traitement. Vous êtes hyperlaxe.
Une personne perd ses repères. Elle est fébrile, lunatique, instable.

L'ENSEIGNEMENT SPIRITUEL DE COULEUR DU TEMPS

À tout moment, le vent peut tourner… **Couleur du temps** nous montre que nous ne maîtrisons rien et que c'est très bien ainsi. Être face à l'imprévisibilité ravive la crainte de la perte, met en évidence nos peurs et nos rigidités. Cette carte impalpable nous propose de jouer avec elles, d'accueillir ce qui vient et de laisser repartir tout ce à quoi nous nous agrippons habituellement. Dans la quête de soi, nous pouvons nous dégager de notre éducation, des conditionnements sociaux, de notre propre regard sur nous-même. Comme Peau d'Âne s'éloigne de son père, nous renonçons au poids des généalogies, à la dangereuse loyauté filiale. En lâchant tout, nous retrouvons notre véritable constitution, notre structure souple.
L'essence de l'Être apparaît alors dans sa pure beauté.

C'est la partie de nous qui trouve son assise dans l'impalpable.

Adaptabilité, flexibilité, souplesse, légèreté, détente, mobilité, liberté d'être, lâcher-prise, changement, impermanence.

Instabilité, inconstance, nervosité, fébrilité, caprice, passade, coup de tête, irresponsabilité, évitement, superficialité, fuite, insécurité.

ASSOCIATIONS DE CARTES

✦ Avec **25. Ogre**, des achats compulsifs tentent de compenser une insécurité de fond ; vous vous dégagez des ardeurs d'une personne trop pressante.

✦ Avec **29. Sorcière**, en évitant les contraintes, vous prenez le risque de déplaire à votre entourage ; vous vous laissez aller à vos mauvais instincts.

✦ Avec **33. Joueur de flûte**, un manque de repères rend vulnérable à un mouvement sectaire ; vous vous adaptez aisément à un nouvel enseignement.

23 FORÊT PROFONDE

DANS LA NUIT DE L'ÂME, JE PERÇOIS LA LUEUR DE LA CONSCIENCE

LE CONTE

La forêt a beaucoup d'importance dans les contes de fées. Les parents du Petit Poucet y abandonnent leurs enfants, qui se retrouvent à la merci de l'ogre, l'héroïne du Petit Chaperon rouge y croise le loup, Blanche-Neige y est emmenée pour être tuée sur l'ordre de sa belle-mère. La sorcière, le chasseur et d'autres personnages puissants hantent aussi ces lieux.

SYMBOLIQUE

Des arbres sombres, des ombres menaçantes, le loup qui rôde… **Forêt profonde** nous enveloppe de son mystère.
Par son obscurité et son enracinement profond, elle symbolise l'inconscient ; et l'angoisse qu'elle suscite représente le désarroi de l'être devant sa nature inconnue et sauvage.
Dans les contes, la forêt est un lieu initiatique où le personnage principal s'égare, fait de mauvaises rencontres, affronte des épreuves… mais d'où il sort toujours vainqueur et enrichi d'une connaissance ou d'un trésor.
Dans son inquiétante étrangeté, **Forêt profonde** évoque une phase de désorientation, une angoissante perte de repères, l'errance dans un univers hostile.

Comment trouver la lumière en moi ?

Pourtant, durant ce moment particulier qui confronte à sa part ténébreuse, une échappée lumineuse est possible. Dans la clairière, la fraîche silhouette du Petit Chaperon rouge entourée des oiseaux et des fleurs annonce un possible soulagement, une respiration. La lumière naît de la compréhension et de l'ouverture de conscience. Une épreuve va prendre fin.

ÉLÉMENTS D'INTERPRÉTATION

*Si **Forêt profonde** vous favorise :*

Une situation déstabilisante est vécue comme un défi créatif, une proposition d'explorer de nouveaux territoires personnels.
Vous entamez une thérapie pour mieux vous connaître et dépasser vos angoisses. Vous pénétrez plus profondément dans votre inconscient.
Vous traversez une période initiatique.

*Si **Forêt profonde** s'oppose à vous :*

Une situation semble sans issue, vous perdez vos repères, vous êtes la proie de doutes et de confusions. Rien n'est clair, tout est compliqué, inextricable.
Des angoisses, des inquiétudes irraisonnées vous submergent.

◇◇◇◇◇◇◇◇◇

✦ *Affectif*

Une rencontre vous désoriente et vous oblige à changer vos habitudes.
Elle vous entraîne dans un monde inconnu où vous explorez de nouvelles façons d'aimer.
Une relation vous pousse à vous dépasser, à descendre plus profondément en vous.

Une séparation vous fait perdre vos repères, une rencontre vous entraîne dans un univers inquiétant, votre partenaire apparaît comme un prédateur. Vous ne voyez pas d'issue à une pénible situation affective.
L'amour inspire de la crainte, s'abandonner à ses sentiments et ses désirs semble dangereux. Les relations physiques vous angoissent.

✦ *Professionnel*

Une phase de désorientation professionnelle décuple votre créativité. Elle vous oblige à vous dépasser, ouvre sur une exploration de soi. Un projet obscur est riche de possibles.
Vous exercez une profession en lien avec l'inconscient, vous travaillez dans les Eaux et forêts.

La période est angoissante, insécurisante. Le stress vous submerge. Vous craignez d'affronter une situation inconnue. Un nouveau système est opaque, incompréhensible. Vous vous perdez dans un projet trop complexe, dans des démarches administratives.

✦ *Forme*

Vous approfondissez un travail sur vous, vous réalisez que vos maux sont des messages de l'inconscient.
Partir à l'aventure en forêt vous énergise.

Angoisse, stress paralysant, imagination pessimiste, dépression… la période est difficile. Vous avez du mal à vous connaître, à comprendre vos besoins profonds, à trouver le praticien qui vous aidera vraiment.

L'ENSEIGNEMENT SPIRITUEL DE FORÊT PROFONDE

Emporté par ses émotions négatives, ses peurs, ses douleurs, l'être peut perdre un temps le chemin qui conduit à lui-même. Quand une situation semble sans issue, que nos fonctionnements habituels sont inopérants, que la solitude nous étreint, nous sommes égarés dans les ténèbres de l'âme comme dans celles de **Forêt profonde**. Alors, le moment est venu d'entrer en nous-même pour découvrir nos facettes inconnues, souffrantes ou inquiétantes. Nous pouvons y rencontrer l'ogre (nos désirs dévorants), la sorcière (nos refus et nos colères), le loup (ce qui nous piège), le Petit Poucet (notre crainte de l'abandon)… et comprendre qu'ils ne réclament qu'un regard de compréhension. En avançant avec courage et détermination, nous nous approchons du cœur de nous-même. Alors, au-delà des ténèbres, une clairière apparaît et la lumière de la conscience révèle notre espace de liberté et d'authenticité.

C'est la partie de nous qui utilise ses angoisses et ses inconforts comme des leviers d'évolution.

Période initiatique, plongée dans l'inconscient, exploration de soi, dépaysement, défi créatif.

Angoisses, peurs profondes, imagination incontrôlable, déstabilisation, perte de repères, enfermement, confusion, dépression.

ASSOCIATIONS DE CARTES

✦ Avec **5. Village - Cité**, après un épisode dépressif vous renouez avec une agréable vie sociale ; vous souffrez de phobie administrative.

✦ Avec **20. Réveil**, une idée géniale vous libère d'une situation angoissante ; saborder une relation ne résoudra pas vos problématiques affectives.

✦ Avec **30. Amitié - Lien**, une solidarité amicale vous dégage d'une situation inextricable ; vous sortez d'une impasse professionnelle pour intégrer un projet de groupe.

24

CHEMINEMENT

J'AVANCE À LA RENCONTRE DE MES PAYSAGES INTÉRIEURS

LE CONTE

Les contes aiment les voyages. Certains sont associés à une rivalité entre frères, qui doivent en revenir avec un objet précieux, d'autres évoquent le désir de tenter sa chance dans le monde, de retrouver un être aimé… Dans *La Reine des neiges,* la jeune Gerda part à la recherche de son ami Kay, dont le cœur est devenu un morceau de glace après avoir reçu un éclat de miroir du diable. Après de nombreuses aventures, elle le retrouvera dans le palais de la Reine des neiges et fera renaître la chaleur en son cœur.

SYMBOLIQUE

Avancer, aller d'un point à un autre, partir à l'aventure ou simplement flâner… un cheminement peut être multiple, source de détente, de rencontres et de découvertes. Ici, un chemin s'ouvre à nous, ondulant entre des paysages qui s'enchaînent naturellement. Il évolue au rythme des saisons, mais çà et là quelques échappées permettent d'en sortir ou de le rejoindre au moment opportun. Il nous mène à un merveilleux château cristallin : objectif, idéal ou fantasme ?

Quelle est ma quête ?

Avec **Cheminement**, une évolution est en cours à son rythme. Progression dans un projet ou dans un sentiment, traversée heureuse des saisons de la vie, pèlerinage, évolution spirituelle… ou voyage apaisé vers l'au-delà : **Cheminement** nous emmène toujours vers nous-même. Mal vécue, cette carte évoque une difficulté ou un refus d'évolution, une errance révélatrice d'une insatisfaction intérieure.

ÉLÉMENTS D'INTERPRÉTATION

*Si **Cheminement** vous favorise :*

Vous progressez à votre rythme, vous savourez le plaisir de flâner, de vagabonder. Vous vous laissez guider par la vie, vous accueillez toutes les expériences.
Un voyage est formateur et source de découvertes. Vos projets avancent bien.
Vous faites un pèlerinage, vous vous engagez dans une quête, vous vous rapprochez de votre idéal. Vous vivez une belle évolution personnelle.

*Si **Cheminement** s'oppose à vous :*

Un projet régresse, une situation évolue mal. Une avancée est trop lente ou trop rapide, un départ est une fuite.
Une personne erre dans la vie, ses expériences ne lui laissent aucune trace. Elle n'atteint pas ses objectifs, elle a une image erronée de la réussite, elle se trompe d'idéal.
Un être s'éloigne.

◇◇◇◇◇◇◇◇◇◇

Affectif

Une évolution personnelle mène à l'amour. Un temps de marche vous permet de réfléchir à vos aspirations affectives.
Une affection progresse à son rythme, voyager ensemble approfondit un sentiment. L'être aimé vient à votre rencontre. Vous vivez une belle relation avec une personne éloignée.
Un amour traverse le temps.

L'éloignement géographique ou des différences d'âge, de culture ou d'expérience vous séparent.

Des partenaires évoluent différemment, chacun part de son côté. La personne aimée s'éloigne. Votre quête d'amour idéal est un fantasme.

✦ *Professionnel*

Vous vous fixez des objectifs cohérents et vous vous en approchez. Un déplacement favorise votre carrière.
Votre vie professionnelle progresse au gré de vos expériences, de vos inspirations ou de votre évolution personnelle.
Vous cherchez un travail qui ait du sens, vous vous éloignez d'un système qui ne vous convient plus. Vous prenez une année sabbatique pour voyager.

Votre progression de carrière est empêchée, vous n'évoluez pas au rythme du marché ou de votre entreprise, vous avez l'impression de régresser.
Une situation convoitée s'éloigne, vous vous fixez des objectifs qui ne vous ressemblent pas.

✦ *Forme*

Un voyage vous fait revivre, une randonnée vous ramène à l'essentiel.
Votre rapport au corps évolue positivement, votre moral s'améliore.
Une personne progresse vers la guérison ou avance paisiblement dans son dernier voyage.

L'énergie diminue, le moral est en baisse. Vous ne respectez pas votre rythme naturel.
Vous vous éloignez de ce qui peut vous faire du bien.

L'ENSEIGNEMENT SPIRITUEL DE CHEMINEMENT

En quête de notre essence, de la personne que nous sommes vraiment, nous nous engageons dans la voie de l'évolution. **Cheminement** invite à inscrire cette démarche au centre de notre existence, à avancer en suivant nos aspirations les plus profondes, celles qui viennent du cœur de soi. Nous pouvons alors nous laisser guider par la sagesse de la vie sans nous fourvoyer dans des objectifs erronés, issus de nos conditionnements.
En avançant avec confiance sur le chemin qui nous est propre, nous traversons avec légèreté les saisons de l'âme. Au fur et à mesure, nous nous dépouillons de notre ego pour nous approcher de notre vraie nature, la pure conscience du château de cristal.

C'est la partie de nous qui suit le chemin qui mène à notre essence.

Évolution, avancée, traversée, flânerie, ouverture, découverte, expérience, pèlerinage, quête, idéal.

Régression, involution, marche forcée, lenteur, insatisfaction, fuite, errance, éloignement.

ASSOCIATIONS DE CARTES

✦ Avec **27. Petits cailloux**, trouver le chemin de l'amour est moins évident qu'il y paraît ; vous gardez votre cap au cœur d'une situation complexe.

✦ Avec **30. Amitié - Lien**, un amour évolue vers l'amitié ; vous partez en tournée avec votre groupe musical ; les amis vous détournent de vos études.

✦ Avec **19. Prince et princesse**, la réussite prestigieuse que vous visez n'est qu'un leurre ; votre relation évolue logiquement vers un mariage.

25 OGRE

JE DÉVORE LA VIE À PLEINES DENTS. JE NE CONNAIS PAS DE LIMITES

LE CONTE

L'ogre est un être insatiable qui accumule les richesses et tente de dévorer le héros. Mis au défi par le Chat botté, il se change lui-même en souris et se fait croquer par le rusé félin. L'avaleur a été avalé.
Dans *Le Petit Poucet*, l'ogre coupe la gorge de ses sept filles pensant tuer le héros et ses frères. L'astucieux Poucet lui dérobera toutes ses richesses et les rapportera chez ses parents. Barbe bleue est aussi une image de l'ogre.

SYMBOLIQUE

L'ogre tend sa main vers nous en un geste avide, son ample carrure emplit toute l'embrasure de la porte.
Il est en proie à une faim dévorante, une pulsion irrésistible qui l'entraîne à commettre des actes irréfléchis. L'ogre est lui-même englouti par ses instincts.
Ce personnage hors norme entasse des trésors fabuleux, s'emplit de ses victimes et, plus largement, accapare tout ce qui passe à sa portée.
Ogre évoque un être qui tente désespérément de combler un vide intérieur par des excès de toutes sortes (nourriture, achats…).

Que puis-je trouver en moi au lieu de le demander aux autres ?

Avec sa volubilité, sa corpulence ou ses exigences affectives, il envahit l'espace de l'autre. Il représente aussi un parent dominant, arc-bouté sur sa toute-puissance, et dont il faut se libérer pour devenir adulte. Dans les dessins d'enfant, il personnifie parfois un abuseur.

Il symbolise également l'État, la guerre, un tyran, les réseaux sociaux qui collectent les données personnelles des utilisateurs… ou encore le temps qui dévore tout.

Bien vécu, **Ogre** invite à ne pas se restreindre, à exprimer ses besoins et dépasser ses propres limites.

ÉLÉMENTS D'INTERPRÉTATION

*Si **Ogre** vous favorise :*

Vous dévorez la vie à pleines dents, vous vous autorisez le plaisir et l'abondance. Vous avez soif de connaissance, de découvertes, d'échanges. Vous avez un tempérament de rassembleur.
Vous assumez vos envies et vos besoins, vous osez prendre votre place.
Vous voyez large, vous percevez vos limites pour mieux les repousser.

*Si **Ogre** s'oppose à vous :*

La peur du manque et l'insatisfaction chronique entraînent des comportements avides, possessifs, excessifs. La quantité passe avant la qualité.
Une personne se laisse envahir par ses pulsions et ses désirs. Elle fait trop de choses à la fois, elle perd le sens des limites.
Elle monopolise l'attention, se gonfle de son importance, accapare son entourage.

◇◇◇◇◇◇◇◇◇

✦ *Affectif*

Une personne manifeste des sentiments débordants, une affection inconditionnelle. Elle est généreuse et réconfortante.
Un amour chaleureux s'exprime sans restriction. Le cœur est ouvert à tous.

La dépendance et l'immaturité affective font peser des exigences démesurées sur l'entourage.
Un partenaire est possessif et envahissant, c'est un tyran domestique.
Un enfant trop gâté devient exigeant. L'amour parental est dévorant. Un abuseur rôde.
Des achats compulsifs déstabilisent le ménage.

✦ *Professionnel*

Vous avez toujours besoin d'apprendre et d'endosser de nouvelles responsabilités. Vous menez de front de nombreux projets, vous développez votre réseau.
Les bénéfices d'une société sont en croissance, vos revenus augmentent notablement.

L'ambition vous dévore, la course à la réussite envahit tout, des diplômes s'empilent inutilement.
Vous êtes face à une personne qui s'attribue les mérites des autres, accumule les responsabilités sans les assumer.

✦ *Forme*

L'appétit revient après une maladie, vous reprenez des forces, vous retrouvez l'envie de vivre.
Vous savez exprimer vos demandes à votre thérapeute, vous êtes à l'écoute des besoins de votre corps.

Un traitement, des soucis font grossir. Vous souffrez de boulimie, d'hyperphagie, d'obésité. Vous consommez sans modération des thérapies et des médicaments.
Une personne a des comportements compulsifs, elle pèse sur l'entourage.

L'ENSEIGNEMENT SPIRITUEL DE OGRE

L'ogre apparaît comme un monstre avide, une force aveugle qui tente de dévorer le héros, le Petit Poucet.
De même, la personne qui n'a pas accès à sa nature profonde vit dans une insatisfaction permanente et demande en vain au monde extérieur de combler ce vide. Elle est dévorée par ses désirs, reflets de ses manques et de ses souffrances. L'acte de consommer occupe de plus en plus de place dans sa vie.
Ogre nous propose de regarder ce dont nous avons faim et soif, et qui entraîne chez nous des comportements compulsifs. Et comme le Petit Poucet échappe à l'ogre, nous pourrons nous libérer en nous reliant à notre créativité et à notre richesse intérieure.

C'est la partie de nous qui sait voir et exprimer ses besoins profonds.

Appétit de vivre, sens concret, incarnation, curiosité, ouverture, largeur de vue, vitalité, générosité, envergure, développement, croissance, richesse.

Avidité, manque, insatisfaction, accumulation, accaparement, envahissement, possessivité, excès, compulsion, boulimie, abus, domination, tyrannie.

ASSOCIATIONS DE CARTES

✦ Avec **3. Paroles**, une personne accapare votre attention en parlant sans cesse ; vous vous surpassez en osant parler à celui ou celle qui vous plaît.

✦ Avec **4. Château**, vos possessions matérielles prennent trop de place dans votre vie ; vous agrandissez considérablement votre maison.

✦ Avec **17. Fée**, vous perdez du poids ; un être volage ravive votre manque affectif.

26

TRANSFORMATION

JE ME TRANSFORME EN MOI-MÊME

LE CONTE

Dans *Le Roi grenouille*, une princesse fait tomber sa balle d'or au fond de la fontaine. Une grenouille la lui rapporte, mais demande en échange à être accueillie dans son palais. Obligée par son père à tenir sa promesse, la jeune fille projette de colère l'animal contre le mur au moment où cet dernier se glisse dans son lit. La grenouille se transforme alors en un séduisant prince charmant.

SYMBOLIQUE

Les transformations sont fréquentes dans les contes de fées. Les princes et les princesses, victimes de sortilèges, sont métamorphosés en animaux et retrouvent forme humaine grâce au pouvoir de l'amour.
Devant nous, une grenouille se transforme en prince charmant. Elle arbore une couronne et sa main repose sur son sceptre. Une partie de son corps est déjà devenue humaine.
En Occident, la grenouille, issue du têtard, symbolise les métamorphoses et évoque la fécondité, à l'image de l'évolution du fœtus dans le ventre maternel.
Cet animal est symboliquement associé à l'eau, son élément naturel, et à la Lune

Comment faire évoluer mon regard sur la vie ?

dont les différentes phases figurent sur la carte. Dans sa croissance et sa décroissance, l'astre ramène aux rythmes biologiques.
Transformation évoque le processus évolutif qui se manifeste lors des changements hormonaux, quand le corps se modifie (puberté, grossesse, ménopause ou andropause), et que surviennent des manifestations émotionnelles.
Plus largement, cette carte représente tous les types de transformations que nous traversons dans notre vie et le rapport, plus ou moins aisé, que nous entretenons avec eux.
Transformation met aussi l'accent sur la qualité du regard qui, aimant, fait paraître séduisant un animal souvent considéré comme repoussant.

A contrario, il arrive qu'une personne charmante se transforme sous nos yeux en un être détestable.
Pour certains, c'est également une découverte sereine ou une réconciliation avec ses pulsions sexuelles.

ÉLÉMENTS D'INTERPRÉTATION

Si ***Transformation*** *vous favorise :*

Vous changez de peau. Une situation se modifie à votre avantage. Votre regard sur l'existence se transforme, vos rapports aux autres évoluent, s'enrichissent et s'approfondissent. Vous vivez bien un changement hormonal, vous aimez la personne que vous devenez.
Un être apparaît plus intéressant qu'au premier regard, un sentiment évolue.

Si ***Transformation*** *s'oppose à vous :*

Un changement effraie, il est mal vécu, difficile à intégrer. Les transformations physiques ou morales sont rejetées. Une personne reste bloquée sur ses opinions, son mode relationnel. Elle régresse.
Un être, un lieu est devenu méconnaissable. Il ne faut pas confondre réel changement et versatilité.

✦ *Affectif*

Votre vie affective s'améliore, un sentiment change votre regard sur une personne. Vous apprenez à vous aimer.
Une relation de couple évolue bien. Votre désir pour votre partenaire s'accroît, votre relation physique s'approfondit. Une grossesse vous comble.

Une entente se dégrade. Vous portez un regard très critique sur l'autre, vous n'acceptez pas sa transformation, vous ne reconnaissez plus la personne aimée.
Un changement hormonal, une grossesse, des variations d'humeur perturbent une relation. Le désir est fluctuant. L'adolescence est une période difficile à gérer.

✦ *Professionnel*

Votre vie professionnelle évolue, une mutation de société vous offre des opportunités. Un nouveau poste vous fait mûrir.
Une transformation personnelle entraîne un changement d'orientation.
Vos qualités se révèlent, vous prenez de l'assurance, votre relationnel s'améliore.

Des mutations technologiques, un changement de mentalité, des modifications sans fondement vous déstabilisent. Une évolution de poste vous désavantage.
L'ambiance au travail se dégrade, la qualité baisse, vous avez l'impression de régresser.

✦ *Forme*

Votre état de santé s'améliore, un changement hormonal est bien vécu, une grossesse vous épanouit.
Une guérison est en bonne voie. Un problème de santé vous fait évoluer en profondeur.

Des problèmes hormonaux, des changements physiques et psychiques sont difficiles à assumer. Un rapport à la grossesse est compliqué.
Un processus de guérison semble régresser. Un souci de santé dégrade l'humeur.

L'ENSEIGNEMENT SPIRITUEL DE TRANSFORMATION

Le prince charmant métamorphosé en crapaud par une sorcière, et à qui l'amour redonne son aspect originel, est une notion mythique des contes de fées.
Pour la personne qui est sur une voie spirituelle, **Transformation** évoque le moment magique où son être profond, qui avait été empêché d'être lui-même, se dégage du sortilège des conditionnements pour retrouver sa beauté initiale.
La Lune, porteuse d'une énergie yin (intériorité, lenteur), revêt une grande importance dans cette carte. **Transformation** propose de se mettre en lien avec les différentes phases de cet astre mouvant. Les femmes, en particulier, peuvent se réconcilier avec leurs lunes (leurs règles), et les deux sexes sont invités à développer ou à assumer cette partie de leur personnalité.

C'est la partie de nous qui évolue et change de peau avec facilité.

Métamorphose, évolution, amélioration, mue, mutation, transition, conversion, changement hormonal, grossesse.

Inadaptabilité, régression, dégradation, versatilité, instabilité, problèmes hormonaux.

ASSOCIATIONS DE CARTES

✦ Avec **2. Rose d'épine**, une grossesse se déroule dans un endroit protégé ; un adolescent s'enferme dans sa chambre.

✦ Avec **25. Ogre**, vos revenus sont exponentiels ; un changement hormonal déséquilibre le rapport à la nourriture.

✦ Avec **30. Amitié - Lien**, votre regard sur le travail évolue et vous choisissez de rejoindre une petite structure informelle.

27 PETITS CAILLOUX

DANS LE LABYRINTHE DU MONDE, LE BON CHEMIN M'APPARAÎT

LE CONTE

Les parents du Petit Poucet, trop pauvres pour nourrir leurs enfants, décident de les abandonner. Mais le jeune héros les entend parler de ce triste projet. Il emplit ses poches de petits cailloux qu'il laisse tomber sur le chemin de la forêt où ses parents les emmènent pour les perdre. Grâce à ce stratagème, il pourra sortir avec ses frères de ce lieu inquiétant, hanté par l'ogre, et revenir au logis familial.

SYMBOLIQUE

Cette forêt aux chemins sinueux évoque un labyrinthe, ce lieu où l'âme et l'esprit s'égarent. L'être peut y errer interminablement, et seul celui qui prend de la hauteur en goûtera la beauté et distinguera le chemin tracé par les petits cailloux.

Le Petit Poucet, abandonné dans la forêt qui se referme comme un piège, garde l'esprit clair. Il a anticipé le problème et élaboré une solution astucieuse.

Avec **Petits cailloux**, un regard distancié sur une situation complexe permet d'en discerner la logique et de voir émerger une solution. Des repères, des indices se dégagent, le bon chemin nous apparaît. L'issue est proche.

Comment trouver le chemin du bonheur ?

Cette carte, qui figure un esprit stratège, est aussi particulièrement favorable aux études et à tout processus d'apprentissage.

Quand **Petits cailloux** est mal vécu, une situation paraît incohérente, les émotions perturbent le raisonnement. *A contrario*, un esprit schématise à l'extrême, sa logique ne tient pas compte de la complexité du facteur humain.

ÉLÉMENTS D'INTERPRÉTATION

*Si **Petits cailloux** vous favorise :*

Vous gardez l'esprit clair face à une situation compliquée. Vous savez anticiper, prendre du recul et distinguer la logique sous-jacente d'un système. Vous êtes stratège, vous raisonnez avec subtilité. Un problème épineux se résout de façon simple et astucieuse.
Vous savez reconnaître et utiliser les indices que vous offre la vie, vous trouvez le chemin vers vous.

*Si **Petits cailloux** s'oppose à vous :*

Les idées sont embrouillées, les informations contradictoires affluent, une situation apparaît plus complexe qu'elle ne l'est, le stress paralyse le cerveau.
Une personne est désorientée, en errance. Elle se sent abandonnée, elle s'égare dans les méandres de son mental.
À l'inverse, un raisonnement froid vous coupe de votre intuition et de votre imaginaire.

✦ *Affectif*

Une complicité intellectuelle crée des liens, vous trouvez le chemin du cœur de l'être aimé.
Un problème affectif complexe se résout plus simplement que prévu.
Vous prenez du recul sur une crise de couple, vous comprenez la raison de certaines réactions de votre partenaire.

Les relations sont inutilement embrouillées. Vous vous perdez dans votre mental au lieu de passer par le cœur, vous analysez trop vos sentiments.

L'autre vous semble incompréhensible, vous ne savez pas où va votre couple, un problème familial paraît insoluble.

✦ *Professionnel*

La logique et le sens du détail font merveille dans un travail complexe, des protocoles clairs sont mis en place.
Vous naviguez habilement dans le labyrinthe des administrations ou des formations. Vous êtes à l'aise dans un métier « à indices » (enquêteur, psychologue…).

Des raisonnements, des procédures sont inutilement complexes.
Vous vous perdez dans un dédale administratif ou dans un dossier incompréhensible. Vous risquez de compliquer un projet en voulant le simplifier.
Le monde du travail paraît inextricable, inhumain.

✦ *Forme*

Une pathologie est diagnostiquée malgré un tableau clinique complexe.
Un psychothérapeute vous guide dans le labyrinthe de votre inconscient.
Les jeux de logique et d'intelligence sont excellents pour le cerveau.

Trouver le bon soignant est un parcours du combattant. Des examens complexes ne mènent à rien, un thérapeute embrouille tout au lieu d'aider.
Vos raisonnements tortueux vous stressent. Vous avez du mal à vous relier à votre corps.

L'ENSEIGNEMENT SPIRITUEL DE PETITS CAILLOUX

Comme le héros grec Thésée s'oriente dans le labyrinthe grâce au fil d'Ariane, les petits cailloux permettent à Poucet de sortir du piège de la forêt après avoir affronté l'ogre-Minotaure.
Dans la démarche intérieure qui emmène l'être vers lui-même, les petits cailloux de la conscience forment un sentier qui guide ses pas. Mais comment le discerner quand on est perdu dans le labyrinthe du mental ? Quel est le bon chemin vers soi ?
Comme le Petit Poucet abandonné par ses parents, nous nous sentons parfois dépourvus de soutien face à l'hostilité de la vie. Pourtant, le conte nous montre que le héros possède toutes les ressources pour trouver la voie par lui-même. Avec **Petits cailloux**, nous pouvons sortir de notre errance pour nous diriger vers le bonheur.

C'est la partie de nous qui sait se libérer du labyrinthe de ses pensées et de ses émotions.

Clarté mentale, discernement, intelligence, analyse, logique, objectivité, sens du détail, prise de recul, anticipation, stratégie, bonne orientation.

Désorientation, égarement, errance, perte de repères, idées brouillées, morcellement, incohérence, impasse, logique froide.

ASSOCIATIONS DE CARTES

✦ Avec **22. Couleur du temps**, lâcher prise est la meilleure façon de s'extirper d'une situation embrouillée ; un raisonnement stratégique est balayé par un imprévu.

✦ Avec **29. Sorcière**, vous raisonnez de façon iconoclaste, mais très personnelle ; vous vous perdez dans la colère et la rancœur.

✦ Avec **35. Sous la mer**, votre émotionnel vous empêche de raisonner clairement ; vous élaborez des manœuvres de séduction particulièrement alambiquées.

28 CENDRES

TOUT EST RÉDUIT EN CENDRES, MAIS TOUT PEUT RENAÎTRE

LE CONTE

Après la mort de sa mère, une jeune fille est reléguée aux tâches les plus ingrates. Comme elle se tient souvent au coin de la cheminée, près des cendres, elle est surnommée Cendrillon. Quand sa fée marraine, d'un coup de baguette magique, l'habille d'une robe somptueuse, Cendrillon peut aller briller au bal du prince. Mais à minuit elle retrouve sa tenue de servante… dans laquelle le prince la reconnaîtra à la fin du conte.

SYMBOLIQUE

Dans un décor très dépouillé, probablement une cuisine, Cendrillon balaie le sol. Près d'elle, une cheminée contient des cendres, qui sont ce qui reste quand le feu a tout consumé. On les associe au caractère éphémère de toute forme matérielle, au renoncement à la vanité terrestre. Elles symbolisent l'humilité, le deuil, le regret. On leur attribue aussi un pouvoir purificateur.

Cendrillon semble solitaire, mais les fleurs sur la cheminée et la tourterelle sur son épaule l'entourent de leur douce tendresse.

Derrière elle, la jolie pantoufle de verre évoque le souvenir du bal de la veille, preuve qu'elle n'a pas rêvé et que le bonheur est à sa portée.

À quoi dois-je renoncer ?

Cendres représente des moments paisibles dans la simplicité du quotidien. Si la période est difficile, l'espoir d'un mieux-être à venir donne le courage de traverser les épreuves.

Mal vécue, cette carte figure un triste enfermement domestique, des contraintes, un sentiment d'être laissé-pour-compte. Des difficultés font paraître l'existence grise et ennuyeuse.

Pourtant, le feu qui couve dans la cheminée peut rejaillir, comme le phénix renaît de ses cendres, offrant l'espoir d'une vie nouvelle. Une passion ou une énergie cachée attend son heure. La flamme intérieure surgira en son temps.

ÉLÉMENTS D'INTERPRÉTATION

*Si **Cendres** vous favorise :*

Vous avez le goût de la simplicité, le sens du service, vous vous acquittez avec plaisir des petites tâches du quotidien. Vous aimez vous occuper de votre intérieur.
Vous optez pour la sobriété heureuse, vous vous détournez de la société de consommation. Vous êtes économe, vous recyclez, vous récupérez.
Un renoncement est choisi et assumé, une purification vous permet de revenir à l'essentiel. Vous restez modeste, mais quelque chose de plus grand attend son heure.

*Si **Cendres** s'oppose à vous :*

L'ennui, la routine, les tâches ingrates frustrent et humilient. Le regret du passé vous poursuit, il vous faut renoncer à des espérances. Vous traversez une période d'austérité, de solitude, de découragement.
Le manque d'assurance empêche de se dégager d'une situation pénible, le feu de la colère couve.

✦ *Affectif*

Vous appréciez votre célibat, vous choisissez l'abstinence, vous faites une pause après une séparation, un amour attend son heure.
Les amitiés sont sincères, les échanges sont vrais, des attentions discrètes touchent l'autre au cœur.
Un couple partage la simplicité du quotidien, s'accorde sur de nécessaires économies.

Indifférence, manque affectif, frustration, sentiment d'abandon, solitude à deux… l'amour semble difficile d'accès.

Le quotidien du couple est bien terne, vous assumez toutes les tâches ingrates. L'avarice ou le manque de moyens pèse sur une entente.
Vous regrettez encore un sentiment éteint, un amour est en cendres.

✦ *Professionnel*

Vous effectuez des tâches simples, mais utiles, vous travaillez avec sérieux et discrétion, le montant de votre rémunération vous importe peu.
Une entreprise fait des économies, diminue sa masse salariale, se resserre sur les contacts et les dossiers essentiels.

Le travail est une corvée. Une personne se sent mise au placard, humiliée, reléguée à une position subalterne.
Tout est laborieux, les idées sont rares. Les revenus sont insuffisants, un projet subit des restrictions budgétaires. Il est difficile de faire le deuil d'un projet, d'un précédent emploi.

✦ *Forme*

Une vie régulière et sans excès, une juste frugalité est bénéfique pour votre santé. Un jeûne vous purifie.
Vous avez une bonne résistance à la fatigue, vous vieillissez bien.

Une personne est d'une timidité maladive, elle souffre de mélancolie, de fatigue. Elle maigrit trop, se désintéresse de son corps.
Un traitement est fastidieux. Une stérilité attriste. L'âge entraîne ses petits maux.

L'ENSEIGNEMENT SPIRITUEL DE CENDRES

Cendrillon est seule devant la cheminée, mais la présence de la petite pantoufle de verre montre qu'elle revient du bal, où elle a dansé avec le prince. Sa vie a commencé à changer, à l'image de l'être qui a rencontré la conscience et entamé une évolution personnelle. Comme l'héroïne, qui effectue une tâche modeste, **Cendres** invite à s'appuyer sur le quotidien pour favoriser notre transformation.

Cette carte ouvre un chemin de sincérité et d'humilité, qui conduit à la personne que nous sommes vraiment. Pour y parvenir, que devons-nous balayer dans notre vie ?

Comprendre que la beauté réside dans la simplicité réveille la confiance et l'estime de soi. L'être dont la lumière intérieure a été étouffée pourra renaître de ses cendres et prendre conscience de sa valeur. Le rayonnement de son âme, comme un feu bienveillant, éclairera et réchauffera ceux qui l'entourent.

C'est la partie de nous qui trouve la simplicité d'être.

Sobriété heureuse, simplicité, quotidien, dépouillement, discrétion, sens du service, économie, tri, recyclage, purification, nettoyage, espoir.

Austérité, ennui, solitude, timidité, tristesse, découragement, humiliation, frustration, regret, culpabilité, pauvreté, avarice, perte, déprime, colère rentrée.

ASSOCIATIONS DE CARTES

✦ Avec **9. Haute tour**, vous déclinez des invitations à dîner pour respecter votre régime amincissant ; la solitude vous permet de faire le deuil d'un amour.

✦ Avec **15. Loup**, une tentation sensuelle fait irruption dans une vie de couple un peu morne ; une personne effacée s'avère redoutable en affaires.

✦ Avec **17. Fée**, vous êtes une « fée du logis » ; un coup de chance permet d'échapper à une corvée professionnelle.

29 SORCIÈRE

MA PUISSANCE EST TRANSGRESSIVE, JE NE ME SOUMETS PAS

LE CONTE

Furieuse de n'avoir pas été invitée à un baptême au point de vouloir tuer une petite princesse dans *La Belle au Bois dormant*, intéressée en recueillant Hansel et Gretel pour les dévorer, colérique geôlière de Raiponce… la sorcière se laisse aller à ses mauvais instincts. La belle-mère jalouse de Blanche-Neige et la marâtre de Cendrillon en sont des avatars.
Mais à l'époque des contes, la sorcière était aussi une femme différente et insoumise, une guérisseuse incarnant la puissance de la nature.

SYMBOLIQUE

Sous un ciel orageux, la sorcière, d'une inquiétante séduction, nous dévisage. Le corbeau, son animal favori, s'est posé sur sa tête. De la main, elle fait un geste mystérieux, rappel de son pouvoir, signe de ralliement ou geste d'ouverture de mondes invisibles.
Sa puissance extrême vient de son lien avec les forces de la nature, y compris les plus sauvages. Avec elle, les pulsions obscures, les émotions enfouies peuvent se libérer sous forme d'explosions de colère, d'hostilité… Dans le meilleur des

Comment assumer mon pouvoir intérieur ?

cas, c'est l'occasion d'une profonde compréhension de soi, mais sans la lumière de la conscience, les forces de l'ombre prennent le pouvoir.
Sorcière évoque une personne intense et radicale, dotée d'une grande puissance énergétique. Lucide à l'extrême, elle exprime souvent une vérité dérangeante.
Cette rebelle accepte que ses besoins soient parfois à l'encontre de ceux de son entourage, et assume alors de paraître méchante, décevante, égoïste, ingrate… En se réappropriant son pouvoir, elle transforme son agressivité en combativité et en créativité.
Mal vécue, **Sorcière** représente l'irruption sans retenue de la noirceur, y compris envers soi-même.

L'image négative de la sorcière est aussi destinée à dévaloriser les initiées (druidesses, prêtresses, magiciennes…), ainsi que tous ceux (voyants, médiums, guérisseurs), qui font le pont entre les mondes visibles et invisibles, et dont la marginalité menace l'ordre social.

ÉLÉMENTS D'INTERPRÉTATION

*Si **Sorcière** vous favorise :*

Vous assumez votre indépendance, votre liberté d'être. Vous refusez de vous soumettre aux injonctions sociales ou familiales, d'agir par gentillesse ou culpabilité.
Vous reconnaissez la puissance de vos instincts, vous êtes en lien avec les forces guérisseuses de la nature. La créativité s'exprime sans concession.

*Si **Sorcière** s'oppose à vous :*

Vous êtes face à une personne difficile à vivre, agressive, intransigeante. Elle est sa pire ennemie, se marginalise elle-même.
Les pulsions destructrices l'envahissent, elle se montre jalouse, hostile, haineuse… Elle est dotée d'une dangereuse puissance énergétique.

Affectif

Vous êtes d'une totale indépendance, vous choisissez vos partenaires et assumez vos pulsions amoureuses.
Vous restez authentique dans une relation, vous ne vous pliez pas aux codes affectifs et familiaux traditionnels.
Une saine colère et une revendication constructive vous font gagner le respect de votre partenaire.

L'affection et l'amour paraissent dangereux, ils sont violemment refusés.

Aucune concession n'est possible dans le couple, le partenaire est viscéralement rejeté.
La jalousie, la malveillance détériorent une relation. L'autre est agressif, inquiétant, prêt à tout.

✦ *Professionnel*

Vous faites des choix non conventionnels, vous refusez les contraintes sociales.
Le système hiérarchique est contesté, des revendications radicales sont justifiées.
Une personnalité est dérangeante, mais efficace. Les pulsions créatrices s'expriment de façon brute.

L'ambiance est hostile, marquée par des revendications permanentes, des comportements destructeurs.
Une structure est dangereuse et inhumaine. Toute négociation est bloquée.
Vous devez faire face à une personne intransigeante et dotée d'un fort pouvoir de nuisance.

✦ *Forme*

Vous ne gérez pas votre santé de façon conventionnelle, vous guérissez avec des plantes et des soins énergétiques.
L'instinct de vie est puissant, des activités intenses expulsent les tensions.
Accepter ses zones d'ombre libère et détend le système nerveux.

Des pulsions ingérables, de l'autodestruction mettent en danger une personne et son entourage. Les comportements sont inquiétants, sauvages, paranoïaques.
Un thérapeute s'avère dangereux et malintentionné.

L'ENSEIGNEMENT SPIRITUEL DE SORCIÈRE

Sorcière nous met face à notre authenticité. Sa présence sans complaisance fait craquer le vernis de civilisation, et nous oblige à traverser ce qui nous effraie le plus en nous.
Les forces sombres de l'inconscient se réveillent, des émotions violentes profondément enfouies se libèrent, nous soumettant à d'intenses prises de conscience. Plonger dans cet absolu donne accès à un savoir très profond.
À un autre niveau, **Sorcière** donne le courage de s'émanciper, de transgresser les codes genrés tacitement admis. Elle accompagne la femme qui assume sa puissance et refuse une image idéalisée d'elle-même. Représentation du pouvoir féminin qui dérange, elle soutient aussi l'homme qui ose s'écarter des injonctions de virilité et de réussite sociale.

C'est la partie de nous qui plonge dans ses ténèbres pour y puiser sa force.

Insoumission, liberté, rébellion, volonté, combativité, transgression, puissance énergétique, pulsions, créativité, authenticité, lucidité, initiation, guérison.

Intransigeance, hostilité, jalousie, méchanceté, malveillance, agressivité, haine, inhumanité, marginalité, autodestruction, violence sexuelle, magie noire.

ASSOCIATIONS DE CARTES

✦ Avec **13. Mort - marraine**, une personne détruit sciemment ce que vous avez mis en place ; vous êtes trop en colère pour accepter de négocier.

✦ Avec **33. Joueur de flûte**, vous refusez de vous plier à un courant de pensée collectif ; méfiez-vous d'un gourou malintentionné.

✦ Avec **36. Poucette - Cœur épanoui**, vous vous initiez à la puissance et à la beauté de la nature ; un être malveillant tente d'abuser de votre innocence.

30

AMITIÉ - LIEN

JE CÉLÈBRE LA JOIE DE L'AMITIÉ ET DU PARTAGE

LE CONTE

Les contes abordent souvent le thème de l'entraide et de l'amitié. Dans *Les Animaux musiciens de Brême*, un âne, un chien, un chat et un coq, fuyant leurs maîtres respectifs, partent vers la ville de Brême pour devenir musiciens. Ils se rencontrent en chemin et deviennent amis. Séduits par une jolie maison appartenant à des voleurs, ils s'unissent pour les effrayer et les en chasser. Ils s'y installent tous ensemble, y vivent heureux et en musique.

SYMBOLIQUE

Les musiciens-chanteurs de cet orchestre endiablé célèbrent l'amitié, la joie de partager des moments détendus et chaleureux.
La tendresse de l'âne, la loyauté du chien, le courage du coq et la subtilité du chat s'unissent et se complètent. Avec **Amitié - Lien**, l'ambiance est fraternelle, dépourvue d'enjeux de pouvoir. Les différences d'âge, de sexe, d'origine ou de milieu social s'estompent. Il ne reste plus que des êtres réunis par un objectif commun ou simplement heureux d'être ensemble. Du regard, le chat nous invite à rejoindre la joyeuse bande qui prend toute sa dimension dans son ouverture au monde.

Comment tisser des liens authentiques avec le monde ?

Amitié - Lien évoque des relations libres et complices, dans lesquelles chacun peut rester lui-même. Il représente aussi un cercle d'entraide et de réconfort.

Mal vécue, cette carte signale une incapacité à exister hors d'un groupe. Elle figure également un projet collectif mal géré, une difficulté à rassembler ses propres talents en un ensemble équilibré.

ÉLÉMENTS D'INTERPRÉTATION

*Si **Amitié - Lien** vous favorise :*

Vous appartenez à un réseau de personnes amicales et désintéressées, vous contribuez à un projet collaboratif, vous faites partie d'une association, d'un orchestre… Vous êtes votre meilleur soutien.
Un système fonctionne sur la confiance et la complémentarité. Des échanges sont simples et agréables, les petites attentions entretiennent l'amitié.

*Si **Amitié - Lien** s'oppose à vous :*

Vous ne vous sentez pas à l'aise dans un groupe amical ou associatif, votre différence supposée vous exclut, les membres sont moins solidaires qu'il n'y paraît.
Un projet collectif n'aboutit pas, il manque une direction claire, les responsabilités sont diluées.
Un système est incohérent. Un réseau ne sert que ses intérêts. L'amitié prend le pas sur tous les autres domaines de vie.

✦ *Affectif*

Une amitié sincère naît entre des personnes très différentes, un sentiment fleurit au sein d'un cercle amical ou associatif. Vous vivez une affection complice, un amour sans exclusivité.
Les amis comptent beaucoup dans un couple. Les rapports familiaux sont joyeux et sans hiérarchie.

Un groupe amical se disperse ou vous écarte. Vous n'inspirez que de l'amitié à la personne aimée.

L'omniprésence des amis fragilise un couple, le partenaire privilégie sa vie associative. Une famille manque de structure, les liens sont relâchés, les parents jouent les copains.

✦ *Professionnel*

Vous travaillez dans un contexte amical et détendu. Une équipe est unie et complémentaire.
Un système fonctionne parfaitement sans hiérarchie. Un réseau solidaire vous aide à trouver un emploi, un financement participatif permet de lancer un projet.

Une société joue sur son ambiance décontractée pour exploiter ses salariés. Un système est désorganisé, peu professionnel. Une personne se laisse porter par le reste du groupe.
Une équipe est faussement amicale, elle vous écarte d'un projet ou d'une réunion.

✦ *Forme*

Voir ses amis, pratiquer une activité collective est excellent pour la forme. Un élan de solidarité permet de financer des soins. Votre corps est votre meilleur ami.
Un soignant est attentif et complice, une association de traitements est efficace.

Un problème de santé ou une dissension à ce sujet éloigne de ses amis. Des soignants ne s'entendent pas sur un traitement, ne font pas de lien entre différents symptômes. Un mélange médicamenteux ne convient pas. Un médecin est sympathique, mais peu concerné.

L'ENSEIGNEMENT SPIRITUEL DE AMITIÉ - LIEN

Entre improvisation et fausses notes, cet orchestre vibrant laisse à chacun la latitude d'exprimer son authenticité. Chaleur du groupe, partages, allers-retours, **Amitié - Lien** apprend le respect confiant qui lie les cœurs plus sûrement que les contrats. Unis, ils peuvent rassembler leurs énergies et les diffuser autour d'eux.

Pour l'être qui avance à la découverte de lui-même, **Amitié - Lien** évoque le bonheur de croiser des personnes qui partagent sa recherche. Des liens éphémères ou durables se nouent, permettant de s'entraider et de cheminer ensemble dans la joie.

Amitié - Lien nous invite aussi à être en amitié avec nous-même, et à unir harmonieusement les différentes facettes de notre personnalité pour faire résonner la musique de notre âme.

C'est la partie de nous qui sait être amicale envers elle-même.

Amitié, sympathie, entente, complicité, complémentarité, tolérance, échanges, solidarité, soutien, entraide, disponibilité, lien souple.

Projet collectif désorganisé, incohérent, inefficace, groupe (amical ou associatif) trop présent, intolérant, excluant.

ASSOCIATIONS DE CARTES

✦ Avec **5. Village - Cité**, les différences sociales dispersent une bande d'amis ; vous vous produisez en public avec votre orchestre.

✦ Avec **31. Clef**, une association vous aide à trouver un logement ; participer à une réunion politique vous ouvre des opportunités professionnelles.

✦ Avec **35. Sous la mer**, vous n'arrivez pas à vous faire entendre dans une réunion bruyante ; vous intégrez une association de préservation des océans.

31 CLEF

J'OUVRE OU JE FERME UNE PORTE, J'AI ACCÈS À L'INTERDIT

LE CONTE

Autrefois, les clefs qu'une femme portait à sa ceinture lui donnaient accès aux coffres et aux armoires de son foyer. Dans *Barbe bleue*, une jeune épouse utilise l'une d'elles pour pénétrer dans une pièce interdite en l'absence de son mari. Elle y découvre les corps de ses épouses précédentes et la vérité sur son époux assassin. La clef, qui s'est tachée de sang, la trahit, mais elle sera sauvée par ses frères et sa sœur Anne.

SYMBOLIQUE

Une clef donne accès à un endroit fermé, inaccessible ou interdit. L'avoir en main permet de franchir un seuil important, d'entrer dans une nouvelle période de vie, un autre monde, un état de conscience particulier… ou plus simplement de trouver un lieu qui nous ressemble.
Elle signale aussi un secret, une énigme dont la résolution nécessite perspicacité et lucidité.
Ici, la clef s'offre à nous en majesté. Elle est en or, métal précieux qui en révèle toute la valeur. Derrière elle, une tenture rouge dissimule un monde mystérieux, interdit aux non-initiés. Y pénétrer oblige à dépasser des interdits personnels, moraux ou sociétaux.

Que dois-je déverrouiller en moi ?

Avec **Clef**, nous pouvons nous dégager du passé pour franchir une étape importante de notre vie. Accéder à une connaissance cachée fera de nous une autre personne. Allons-nous saisir la clef ?

Cette carte signale qu'une question est importante même si elle semble anodine.

Clef figure parfois une fermeture ou un tabou nécessaire, une juste sélectivité.

Mal vécue, elle représente un verrouillage, un blocage intérieur ou extérieur.

ÉLÉMENTS D'INTERPRÉTATION

Si ***Clef*** *vous favorise :*

Vous passez une étape décisive, vous changez de vie, vous accédez à une compréhension, à une ouverture de conscience. Vous percez un mystère, vous recevez une initiation, un secret est dévoilé. Votre cœur s'ouvre, vous dépassez un tabou.
Vous prenez la clef des champs. Vous emménagez.
Un dossier se clôture, vous fermez votre porte à juste titre. Un chapitre de votre existence se referme.

Si ***Clef*** *s'oppose à vous :*

Vous ne voyez pas qu'une ouverture est possible. Vous verrouillez votre cœur. Vous vous enfermez dans une idée, une situation. Des blocages empêchent de passer un cap.
Un système est trop sélectif, vous êtes face à une porte close. Vous ne savez pas tout d'une situation ou d'une personne, des éléments cachés vous sont défavorables. Un secret vous pèse.

◇◇◇◇◇◇◇◇◇◇

✦ *Affectif*

Une rencontre s'avère décisive, vous libérer d'un ancien amour vous permet de passer un cap. Votre relation traverse une étape importante, vous trouvez un lieu de vie à deux.
Un cœur s'ouvre. L'amour aide à mieux comprendre l'autre, vous révèle à vous-même, vous permet de dépasser un interdit affectif ou sexuel.
Un secret de famille est enfin dévoilé.

Vous êtes dans une impasse affective, un secret pèse sur votre couple. Le cœur est verrouillé, le passé vous emprisonne. Vous ne parvenez pas à sortir d'une situation, d'un fonctionnement. Vous subissez les effets d'un blocage physique ou psychologique.

✦ *Professionnel*

Vous franchissez une étape importante, vous accédez à un autre niveau de responsabilités.
Vous frappez à la bonne porte. Vous percevez les dessous d'une situation et réagissez en conséquence. L'investigation fait partie de votre métier. Vous clôturez enfin un projet.

Un seuil professionnel est difficile à passer, vous ne voyez pas que d'autres perspectives s'ouvrent à vous.
Vous vous heurtez à des refus, votre comportement vous ferme des portes. Vous n'avez pas accès à la partie sensible d'un dossier. Un examen est trop sélectif.
Réussir et gagner de l'argent est tabou.

✦ *Forme*

La période est décisive pour votre corps et votre sexualité. Un blocage se déverrouille. Une naissance se rapproche.
Vous emménagez dans un lieu qui vous revitalise. Un problème de santé se révèle à temps. Vous accédez à une partie cachée de vous-même.

Vous souffrez d'un blocage physique et sexuel. Vous vous enfermez dans vos problématiques, vous ne sortez plus de chez vous. Ne vous refusez pas d'aller mieux.

L'ENSEIGNEMENT SPIRITUEL DE CLEF

C'est en désobéissant que l'épouse de Barbe bleue ouvre la porte interdite et, découvrant les cadavres de ses précédentes épouses, comprend qui est vraiment son mari. En faisant le choix d'affronter la réalité, même brutale et dérangeante, elle sort de l'illusion et se sauve. **Clef** favorise les compréhensions profondes. Elle nous apprend que la transgression peut faire surgir la vérité, dévoiler des secrets inavouables. Pour l'être qui est sur le chemin de l'évolution, la clef favorise l'ouverture de conscience, cette connaissance cachée potentiellement dangereuse pour l'ego. Le désir de savoir est-il plus important que la crainte ? **Clef** invite à se dégager des enchaînements du passé pour franchir courageusement les étapes vers la découverte de soi et du monde. Bientôt le rideau tombera et la conscience se révélera. Cette carte favorise aussi la libération du pouvoir du féminin, clef de l'équilibre entre les deux polarités.

C'est la partie de nous qui brave ses interdits pour accéder à la connaissance cachée.

Moment clef, ouverture, clôture, emménagement, issue, liberté, découverte, compréhension, perspicacité, décryptage, initiation.

Fermeture, blocage, verrouillage, emprisonnement, élitisme, omerta, tabou, secret de famille, censure, autocensure.

ASSOCIATIONS DE CARTES

✦ Avec **3. Paroles**, révéler un lourd secret vous libère du passé ; vous refusez une explication qui pourrait être décisive pour votre couple.

✦ Avec **4. Château**, vous vous installez dans un lieu confortable ; des traditions bien ancrées vous emprisonnent ; une maison cache un secret de famille.

✦ Avec **26. Transformation**, changer de travail vous fait franchir une importante étape personnelle ; une transformation hormonale ouvre sur un autre rapport à votre corps.

32 TRÉSOR

UN TRÉSOR EST CACHÉ EN MOI

LE CONTE

Généralement enfoui dans un lieu sombre, caverne ou souterrain, le trésor des contes est difficile d'accès. Il est gardé par un ogre, un monstre, un dragon… et le héros doit combattre ou ruser pour le remporter.

SYMBOLIQUE

Sur cette image, un amoncellement de richesses, peut-être un butin, est enfoui sous terre. Le personnage qui marche au-dessus a-t-il conscience qu'un trésor repose sous ses pieds ?
Un arbre se dresse sur son passage, ses racines ont la forme d'un inquiétant dragon. **Trésor** évoque notre richesse intérieure (talents, créativité, joie de vivre…) que garde le monstre de nos peurs et de nos préjugés. Se réconcilier avec le dragon permet de prendre conscience de sa valeur et d'accueillir pleinement l'abondance matérielle. La forme généalogique de l'arbre signale que l'histoire familiale conditionne souvent ce domaine de vie.
Cette carte représente aussi les valeurs essentielles de notre existence et ce qui nous semble si précieux que nous voulons le cacher pour le protéger (secret, amour, enfant…).

Qu'est-ce qui a vraiment de la valeur à mes yeux ?

En négatif, **Trésor** signale une difficulté à percevoir ses capacités et à accepter de recevoir sa part de prospérité.

ÉLÉMENTS D'INTERPRÉTATION

*Si **Trésor** vous favorise :*

Le rapport à la vie matérielle est simple. Vous appréciez ce que vous possédez, vous gagnez bien votre vie, vous touchez une somme conséquente.
Vous accueillez l'abondance de l'univers, vous savez où trouver ce dont vous avez besoin.

Vous vous estimez à votre juste valeur, vous avez confiance en vos talents. Vous réalisez que personne ne peut vous ôter votre richesse intérieure.

*Si **Trésor** s'oppose à vous :*

L'argent semble inaccessible ou compense des échecs dans d'autres domaines. Vous venez d'une famille qui le considère comme un problème.
Il est difficile de donner ou de recevoir, vous n'en avez jamais assez, vous vous sentez pauvre. Vous ne savez pas reconnaître les cadeaux de l'univers.
Vous méconnaissez la valeur d'une personne ou d'une situation, vous vous mésestimez.

Affectif

Vous savez que l'amour est un trésor, vous le dispensez largement et vous acceptez celui que l'on vous offre. Vous recevez un cadeau venu du cœur.
Vous touchez de l'argent de votre famille, un mariage vous procure une aisance matérielle. Vous connaissez votre valeur face à votre partenaire.

Vous évaluez mal une personne ou un sentiment. Vous croyez que votre valeur dépend de l'affection de l'autre, vous ne pensez pas mériter l'amour. Vous gardez votre partenaire ou votre enfant comme un trésor. L'argent est au cœur d'une relation, un couple traverse un problème financier, la famille est dispendieuse, un décalage de revenus pose problème. Un héritage est dissimulé.

✦ *Professionnel*

Vous avez conscience de vos talents, vous négociez parfaitement un contrat ou un salaire.
Une position procure de bons revenus, une entreprise fait de gros bénéfices, un placement rapporte plus que prévu. La créativité est débordante et lucrative.

Vous sous-estimez vos talents, vos idées ne sont pas rentables ou enrichissent les autres. Vous ne gagnez jamais assez à votre goût, vous ne demandez pas le juste prix pour votre travail.
Vous n'avez pas accès à vos capacités créatrices, des revenus sont cachés.

✦ *Forme*

La santé est un bien précieux. Vous découvrez les capacités d'autoguérison de votre corps. Vous avez les moyens de vous offrir des soins vraiment efficaces.
Travailler sur soi donne accès à ses richesses intérieures.

Un traitement est trop onéreux, un mieux-être semble hors d'atteinte.
Les bénéfices secondaires (l'aide ou l'attention que l'on vous porte, l'évitement de certains problèmes...) d'un souci de santé n'incitent pas à guérir.
La relation à l'argent est névrotique.

L'ENSEIGNEMENT SPIRITUEL DE TRÉSOR

Comme le personnage, qui avance sans avoir conscience de la présence du trésor, pourtant évident à nos yeux, nous ignorons souvent notre valeur personnelle. Notre histoire familiale a conditionné ce regard, et l'arbre de notre généalogie peut se dresser sur notre passage ou nous offrir ses fruits. Sur l'image, ses racines-dragon enveloppent le trésor, l'empêchant de circuler ou le protégeant avant de l'offrir au monde.

Sur le chemin de l'évolution, **Trésor** figure l'enrichissement intérieur qui résulte du travail sur soi. Oser descendre au plus profond de soi, faire face au dragon de ses peurs et de ses limitations est une épreuve initiatique qui permet d'accéder à la connaissance intérieure, à l'essence étincelante de l'Être.

C'est la partie de nous qui accède à sa richesse intérieure.

Abondance, plénitude, aisance, équilibre financier, valeur personnelle, talents, créativité, richesse intérieure.

Argent tabou, argent roi, cupidité, gaspillage, pauvreté, avarice, échec financier, dévalorisation.

ASSOCIATIONS DE CARTES

✦ Avec **2. Rose d'épine**, l'expression de votre créativité n'est pas encore aboutie ; un projet qui pourrait être rentable est laissé en sommeil.

✦ Avec **15. Loup**, vous vous découvrez des capacités de séduction ; il faut breveter votre invention car d'autres cherchent à s'en emparer.

✦ Avec **23. Forêt profonde**, vos angoisses nourrissent votre créativité ; des problématiques familiales complexes conditionnent votre rapport à l'argent.

33

JOUEUR DE FLÛTE

JUSQU'OÙ SUIVRE CELUI QUI NOUS CONDUIT ?

LE CONTE

Dans *Le Joueur de flûte de Hamelin,* les rats envahissent une ville et réduisent ses habitants à la misère. Un joueur de flûte se présente et promet de les débarrasser de ce fléau pour mille écus. Quand il commence à jouer, les rats, séduits par sa musique, le suivent jusqu'à la rivière et s'y noient. Mais les villageois refusent de payer la somme promise. Le musicien revient alors quelques jours après et, jouant à nouveau de sa flûte, attire les enfants hors de la ville et les perd.

SYMBOLIQUE

Sur la place du village, les rats, fascinés, suivent le joueur de flûte. Regroupés en une masse compacte et silencieuse, ils avancent d'un même pas.
L'allure de l'homme est simple, mais sa musique possède un charme envoûtant, irrésistible. Il avance à reculons, sans perdre les rats du regard, et les entraîne là où il l'a décidé.
Au premier plan, deux individus se détachent. L'un regarde la foule, dubitatif, rebelle ou sur le point de rejoindre le mouvement… L'autre se tourne vers nous, que ferions-nous à sa place ?

Ai-je gardé ma liberté de pensée ?

Joueur de flûte évoque l'habileté à convaincre et à entraîner une foule dans une direction choisie, la puissance de la médiatisation.
Cette carte peut figurer un pédagogue brillant, un politicien charismatique, un artiste célèbre. Un enseignant spirituel emmène ses disciples sur la voie de la libération.
En contre, **Joueur de flûte** met en garde contre la manipulation de masse. Une stratégie bien pensée endort les esprits, la peur et la culpabilité sont de puissants outils de maniement des foules.

ÉLÉMENTS D'INTERPRÉTATION

*Si **Joueur de flûte** vous favorise :*

Vous avez du charisme, de l'éloquence, vous aimez parler en public.
Vous vous appuyez sur les médias et les réseaux sociaux pour défendre vos idées.
Une personne respecte ceux qui sont sous ses ordres, elle les guide au mieux de l'intérêt collectif.
Un esprit libre reste critique en toute circonstance.

*Si **Joueur de flûte** s'oppose à vous :*

Méfiez-vous d'une personne qui manipule habilement son entourage dans le sens de ses intérêts.
Restez lucide devant la publicité, les réseaux sociaux, les médias et tout système qui tente de vous influencer.
Un proche adhère sans réfléchir aux opinions dominantes, exprimer des idées trop personnelles marginalise.

✦ *Affectif*

Vous exercez une influence positive sur votre entourage. Vous organisez un anniversaire, une réunion familiale, une sortie avec des amis. Vous animez un mariage.
Vous assistez en couple à des concerts, des conférences… Vous suivez le même maître spirituel.
Vous vous efforcez de conduire votre famille vers le meilleur.

L'amour n'est pas ce qu'en disent les médias.

Un proche perd son esprit critique, entre dans une secte. Ne pas adhérer aux idées dominantes éloigne de votre entourage amical ou familial, crée des dissensions avec votre partenaire.
Vous risquez d'entraîner votre famille dans une mauvaise direction.

✦ *Professionnel*

Vous savez convaincre et fédérer, vous êtes pédagogue. De nombreuses personnes suivent et apprécient votre travail.
Une équipe est gérée de façon humaine et efficace. Un représentant de l'État officie dans le respect de ses administrés.
Une personne est très suivie sur les réseaux sociaux, elle délivre une information de qualité.

Une stratégie commerciale ou politique s'apparente à de la manipulation. Une personne use de son ascendant pour servir ses intérêts, fait du prosélytisme politique ou religieux au travail.
Un dirigeant charismatique impose une culture d'entreprise très normative, conduit une société à sa perte.

✦ *Forme*

Vous restez libre d'apprécier ce qui convient ou non à votre corps.
Les conseils d'un thérapeute médiatisé s'avèrent très efficaces.
Cheminer avec un maître spirituel vous ouvre des perspectives de mieux-être.

Un remède très prescrit ne vous convient pas, mieux vaut écouter son corps que des émissions sur la santé ou des injonctions au sujet d'une thérapeutique.
Des différends autour de sujets médicaux séparent les gens.

L'ENSEIGNEMENT SPIRITUEL DE JOUEUR DE FLÛTE

L'air magique du joueur de flûte emporte et séduit, endormant les consciences pour les conduire vers des abîmes. Celui qui se laisse entraîner par ce chant des sirènes se perd lui-même. Quand une opinion est imposée à une foule jusqu'à devenir une évidence, il faut savoir s'en écarter et aller chercher la vérité en soi.

Pour l'être qui est sur la voie de l'évolution, **Joueur de flûte** met en lumière les artifices qui séduisent l'ego et le dangereux pouvoir des dogmes. Cette carte invite à faire le choix de la lucidité, de la fermeté et du courage pour réaliser sa propre destinée. Elle montre qu'il est possible de s'adapter à une situation contraignante en conservant son intégrité. Elle invite aussi à veiller à ce que notre enseignement spirituel nous laisse toute notre autonomie.

En toute circonstance, **Joueur de flûte** nous enseigne à préserver notre espace de liberté intérieure, propice à l'émergence de la conscience.

C'est la partie de nous qui accède à la vérité au-delà des doctrines.

Capacité à convaincre, à guider et à rassembler, enseignement, direction spirituelle, résistance, liberté de pensée, sens critique.

Manipulation de masse, propagande, prosélytisme, endoctrinement, panurgisme, médias « aux ordres », pensée unique, intoxication, gourou.

ASSOCIATIONS DE CARTES

✦ Avec **1. Il était une fois...**, un politicien propose un programme innovant ; vous prenez la parole en public pour la première fois.

✦ Avec **16. Dragon - Adversaire**, l'opinion publique est remontée contre des coupables désignés ; vous êtes à la tête d'une association de lutte contre le réchauffement climatique.

✦ Avec **24. Cheminement**, vous partez faire un pèlerinage en groupe ; vous vous dégagez de l'ascendant d'un meneur pour suivre votre propre voie.

34 TABLE DRESSÉE

JE SAVOURE LA VIE DE TOUS MES SENS

LE CONTE

Dans le conte intitulé *Le Poêle en fonte*, l'héroïne regarde par la fenêtre d'une petite maison et aperçoit une table bien dressée avec de belles assiettes, de jolies coupes et des mets délicieux. Elle prend son courage à deux mains et frappe à la porte…

SYMBOLIQUE

Une fenêtre laisse entrevoir une pièce agréable, une table généreusement garnie qui attend ses hôtes. Tête-à-tête ou repas entre amis, la soirée s'annonce délectable. Mais sommes-nous invités ou simplement spectateurs du bonheur des autres ?

Les fleurs épanouies, la vaisselle raffinée, les fruits délicieux, les instruments de musique… tout concourt au confort et aux plaisirs des sens.

Table dressée évoque une agréable communion, propice à l'échange et à la conciliation. Elle célèbre l'abondance et la douceur de vivre.

En négatif, cette carte décrit un tempérament uniquement tourné vers ses plaisirs ou figure un être qui se refuse les bonheurs matériels.

Quelle est la part de plaisir que je m'accorde ?

ÉLÉMENTS D'INTERPRÉTATION

Si ***Table dressée*** *vous est favorable :*

Vous savez trouver le bonheur où il est, célébrer la vie dans toute sa sensualité et jouir intensément du moment présent.
Vous avez le goût du confort, le sens de l'accueil et du partage. Vous prenez part à un repas raffiné, l'ambiance est cordiale et détendue.
Vous rencontrez une personne indulgente et généreuse.

*Si **Table dressée** s'oppose à vous :*

La dépendance au plaisir, les excès sensuels entraînent sur une mauvaise pente. Le choix de la facilité prime, les contraintes et les responsabilités sont soigneusement évitées, les vérités désagréables sont ignorées. Il est difficile de se dégager d'une situation négative, mais confortable.
Une personne se sent exclue des moments de partage, elle se prive des bonheurs sensuels.

Affectif

Vous savourez le bonheur d'un tendre tête-à-tête ou d'un repas avec des êtres chers.
Une personne dégage une sensualité naturelle, vous partagez des moments voluptueux.
Le goût des arts, de la bonne chère et du confort vous lie à votre partenaire. L'ambiance familiale est bienveillante et chaleureuse.

Le confort prime sur la profondeur des sentiments.
L'un des partenaires veut être servi, prend sans rien donner, se dégage des contraintes inhérentes à une relation ou une famille. Seul son plaisir l'intéresse.
Refus ou blocage, une personne se coupe de sa sensualité.

✦ *Professionnel*

Un repas d'affaires porte ses fruits. Votre travail vous comble, les idées abondent, vos revenus sont confortables.
Vous œuvrez dans le domaine de la beauté, du plaisir et du raffinement.
Les relations avec l'entourage professionnel sont cordiales et arrangeantes.

Une personne manque de conscience professionnelle. Elle en fait le moins possible, évite les contraintes et les besognes un peu pénibles.
Un dossier médiocre est survalorisé, un projet ne va pas au fond des choses.

✦ *Forme*

Savourer la vie, être bienveillant et indulgent envers soi-même favorise l'épanouissement corporel.
Un bon repas en charmante compagnie est excellent pour le moral, l'optimisme aide à affronter un problème de santé.

Céder à toutes les tentations sensuelles, faire des excès de table et être sédentaire épuise le corps.
Un traitement doit être suivi sérieusement, il faut tenir compte de certains signes avant-coureurs de problèmes.

L'ENSEIGNEMENT SPIRITUEL DE TABLE DRESSÉE

Cette carte hédoniste nous propose de regarder la part de bonheur que nous nous autorisons. Sommes-nous à l'aise avec cette image sensuelle ou restons-nous à l'extérieur, de l'autre côté de la vitre ? Comme les fleurs de l'image, qui commencent à se faner, les notes de musique s'envolent, les êtres se dispersent… et cette tentante nature morte, cette vanité, nous ramène à la fuite du temps. Autant de raisons de savourer chaque instant de l'existence dans la conscience de sa fugacité.

Table dressée invite à profiter des plaisirs matériels du monde, à accepter l'intimité avec autrui, à être doux et indulgent envers soi-même. Comme dans cet intérieur harmonieux, il est possible de cultiver la plénitude en soi et d'accueillir l'abondance tout en avançant sur la voie spirituelle.

C'est la partie de nous qui reconnaît et partage les bonheurs de ce monde.

Sensualité, raffinement, épicurisme, harmonie, confort, plénitude, générosité, abondance, indulgence, cordialité, optimisme, confiance, carpe diem.

Facilité, paresse, indolence, égoïsme, superficialité, excès sensuels, dépendance au plaisir, sentiment d'exclusion, inaptitude au bonheur.

ASSOCIATIONS DE CARTES

✦ Avec **10. Rouet - Cycle**, vous célébrez votre anniversaire par un dîner fin ; un échange sensuel vous donne envie d'entamer une nouvelle vie amoureuse.

✦ Avec **16. Dragon - Adversaire**, un tête-à-tête en amoureux tourne à l'affrontement ; les excès de table produisent des réactions inflammatoires dans votre corps.

✦ Avec **17. Fée**, un moment d'intimité avec une personne aimée allège et détend ; vous vous esquivez d'un repas de famille trop copieux.

35

SOUS LA MER

J'ACCUEILLE LE FLUX DE MES PERCEPTIONS SANS ME LAISSER SUBMERGER

LE CONTE

La Petite Sirène, tombée amoureuse d'un beau prince qu'elle a sauvé de la noyade, désire devenir humaine pour le retrouver. Elle s'adresse à la sorcière des mers qui, en échange de sa voix, lui permet d'avancer sur deux jambes même si chaque pas est terriblement douloureux.
La Petite Sirène parvient à la cour du prince, mais elle est muette, et doit se résoudre à laisser celui qu'elle aime en épouser une autre.

SYMBOLIQUE

L'eau est un élément primordial dont le bercement réconforte et apaise. Se laisser aller au rythme de son flux permet d'évoluer en souplesse dans la vie.
S'immerger dans le monde sous-marin est comme descendre dans les profondeurs de son silence intérieur. Avec **Sous la mer**, un univers de perceptions subtiles s'ouvre à nous.
Il permet de discerner ce qui se passe sous la surface des êtres ou des situations, et de s'y adapter souplement.
Au cœur de ce monde sensible, l'intuition et la richesse créative s'expriment dans leur plénitude. Cette extrême réceptivité entraîne parfois

Que me dit mon intuition ?

une difficulté à se cerner, une fascination pour ses perceptions, une vulnérabilité émotionnelle.

Sous la mer ouvre à l'appel de l'infini, à l'union mystique. Mais elle met en garde contre les comportements fusionnels et toutes les dépendances.

ÉLÉMENTS D'INTERPRÉTATION

*Si **Sous la mer** vous favorise :*

Le relationnel est discret, mais fluide. Vous avez des facilités d'adaptation, le sens de l'écoute, le goût du silence et du secret. Votre charme doux et sensuel fascine.

L'intuition, la sensibilité et l'imagination nourrissent votre créativité. Vos rêves vous délivrent de subtils messages.
Votre approche de la vie est spirituelle, voire mystique.

Si ***Sous la mer*** *s'oppose à vous :*

Un manque de structure, une perte de repères empêchent d'entrer pleinement dans la vie. L'évitement, la dépendance et la passivité entravent les initiatives. Tout est secret et un peu flou, rien ne se concrétise.
Une personne se noie dans ses émotions, s'oublie en s'adaptant aux attentes de l'autre, se sacrifie. Elle se victimise, demande à être prise en charge, use de son charme pour éviter les responsabilités et parvenir à ses fins.

Affectif

Une personne charmeuse vous fait rêver. Vous vivez un amour romantique, une fusion sensuelle.
Des sensibilités se conjuguent, un sentiment n'a pas besoin de mots.
Une relation secrète vous comble.
La compassion, l'amour mystique vous transportent.

Les illusions, les fantasmes nourrissent une confusion affective. Vous subissez une déception amoureuse, un sentiment secret est douloureux. Un amour fusionnel vous fait perdre vos repères, alimente une dépendance affective.
Un sacrifice s'avère inutile. Une personne est insaisissable, trop secrète ou manipulatrice.

✦ *Professionnel*

La perception des attentes de l'autre, une bonne écoute et beaucoup de charme vous permettent d'éviter les obstacles en souplesse.
Votre sensibilité, vos intuitions fécondes et un sens esthétique raffiné portent des projets créatifs.
Vous faites profession de vos capacités extrasensorielles.

Vous traversez une période de flottement professionnel. Des choix stratégiques sont confus, tout reste dans le flou, une entreprise est désorganisée.
Des projets sont irréalistes, les personnes se déresponsabilisent, ce n'est pas le moment de vous fier à vos intuitions. Des éléments d'un dossier restent cachés.

✦ *Forme*

Vous avez une perception fine de votre corps, l'intuition de ce qui lui convient vraiment. Un remède agit de façon subtile et efficace.
Le corps et l'esprit sont souples, vous appréciez les bienfaits curatifs des activités aquatiques.

La sensibilité est envahissante, elle entraîne des malaises indéfinissables, une fragilité psychique, de la mélancolie, une déprime. Vous avez un problème de dépendance.
L'audition et le sommeil sont compliqués.

L'ENSEIGNEMENT SPIRITUEL DE SOUS LA MER

Comme la Petite Sirène évolue avec grâce dans un monde invisible depuis la surface, **Sous la mer** propose de descendre vers la partie la plus profonde et la plus subtile de notre être. En nous ouvrant à ces valeurs intérieures, nous découvrons un grand silence, hors des bruits du mental. Une détente s'installe, et nous nous abandonnons simplement à ce que la vie nous propose. Renoncer à lutter procure une paix profonde, favorise une approche différente de soi et des autres. Et quand cette magie perceptive s'ouvre, des mondes divins s'offrent à nous et la vie s'emplit de douceur. Pourtant, la Petite Sirène se détourne de son univers sous-marin et tente douloureusement de se transformer en espérant plaire à son prince. **Sous la mer** nous met en garde : se perdre de vue, renoncer à sa spiritualité intérieure pour atteindre un idéal fantasmé est voué à l'échec. Dans la voie de l'évolution, rester fidèle à ce que nous sommes, c'est atteindre le Soi.

C'est la partie de nous qui a la perception d'autres mondes et d'un univers plus vaste.

Perceptions, intuition, subtilité, inspiration, rêve, médiumnité, mysticisme, douceur, sensibilité, écoute, beau secret, souplesse, fluidité, charme, sensualité.

Fuite, fantasme, évitement, irresponsabilité, passivité, influençabilité, flou, sur-adaptation, dépendance, hypersensibilité, vulnérabilité, dépression.

ASSOCIATIONS DE CARTES

✦ Avec **6. Croisée des chemins**, une situation reste en suspens ; vous vous perdez dans l'indécision ; le bon choix vous apparaît en rêve.

✦ Avec **7. Bottes de sept lieues**, un fantasme vous entraîne plus loin que vous ne le voudriez ; vous quittez un projet trop flou ; l'intuition permet d'aller rapidement à l'essentiel.

✦ Avec **26. Transformation**, une relation romantique prend un tournant qui ne vous convient pas ; un fantasme amoureux fait paraître l'autre beau et désirable.

36

POUCETTE - CŒUR ÉPANOUI

JE M'ÉPANOUIS AU CŒUR DE LA NATURE

LE CONTE

La gracieuse Petite Poucette naît dans une tulipe. Alors qu'elle sommeille dans une coquille de noix, sous une couverture en pétale de rose, elle se fait enlever par un crapaud. Elle parvient à s'évader à l'aide d'un papillon, puis échappe au mariage avec une taupe en s'envolant sur le dos d'une hirondelle qu'elle avait sauvée auparavant. Celle-ci la dépose au cœur d'une fleur splendide, et Poucette devient la reine des esprits des fleurs.

SYMBOLIQUE

Épanouie au cœur de sa fleur, un diamant au front, Poucette dialogue avec son amie l'hirondelle. Dans sa reliance aux règnes végétal, minéral et animal, elle s'inscrit totalement au cœur de la nature, dont elle devient un élément. Après avoir traversé toutes ses aventures, elle peut se reposer et savourer un temps de quiétude. Joie innocente, détente… elle est à sa place, enfin. **Poucette - Cœur épanoui** fait ressentir le bonheur et la sérénité que dégagent les êtres confiants et bons, en lien avec la nature et les êtres qui la peuplent.

Comment trouver la plénitude ?

Poucette oscille gracieusement dans les pétales soyeux sans perdre son équilibre. Les épreuves peuvent advenir, elle reste paisible, centrée, à l'écoute de son harmonie intérieure et de celle du monde.
Cette dernière carte du jeu évoque la douceur du cœur, l'épanouissement du corps comme de l'esprit. Elle ouvre à la sagesse de la nature qui nourrit, inspire et guérit mais fait parfois vivre dans un monde idéal, coupé de toute réalité.

ÉLÉMENTS D'INTERPRÉTATION

Si **Poucette - Cœur épanoui** *vous favorise :*

Vous vous abandonnez en confiance à la vie, vous gardez un équilibre souple, vous écoutez votre intuition. Vous avez le goût du bonheur, le sens de la beauté, une créativité fluide.
Un temps de pause vous détend, vous prenez des vacances, vous vous mettez au vert.
Vous vous reliez à tous les règnes de la nature, à leurs vertus guérisseuses et régénératrices.

Si **Poucette - Cœur épanoui** *s'oppose à vous :*

Une personne regarde la vie à travers des lunettes roses, s'installe dans un univers idéalisé. Son comportement est naïf, puéril. Elle est apathique, indifférente, elle attend d'être prise en charge.
Il est difficile d'établir un lien authentique avec la nature.

✦ *Affectif*

Les sentiments sont harmonieux et délicats, la nature est propice à une charmante rencontre, vous nouez de tendres liens. Vous savourez la douceur de vivre à deux. Vous pouvez être vous-même avec l'autre, en toute confiance.
L'amour vous épanouit, vous percevez la beauté intérieure de votre partenaire. Une créativité en couple donne de merveilleux résultats.

Vous vous illusionnez sur une relation, vous attendez que l'autre prenne l'initiative, vos fantasmes vous empêchent de nouer des liens profonds. Un amour manque de chair, les partenaires ne vivent pas dans la même réalité. L'un d'eux recherche la douceur et l'harmonie en dehors de son couple.

✦ *Professionnel*

Votre travail est épanouissant. Vous évoluez dans une ambiance harmonieuse, votre détente désamorce les éventuels conflits.
Vous avez d'heureuses intuitions, un environnement naturel vous inspire une créativité très poétique. Vous exercez un métier en lien avec la nature, révélant toute sa beauté et ses qualités guérisseuses.
Vous faites une agréable pause, vous partez en vacances.

Votre environnement professionnel ne vous convient pas. Vous ne faites pas confiance aux bonnes personnes. Vous n'arrivez pas à vous mobiliser pour décrocher un emploi ou le garder. Votre travail vous ennuie, vous n'avez pas envie de faire d'efforts, vous voudriez être ailleurs.
Un projet magnifique échoue par manque de rigueur et de réalisme.

✦ *Forme*

La détente et la confiance dans la vie conservent la santé. Un séjour au cœur de la nature, des activités douces de plein air apaisent et ressourcent.
Vous bénéficiez du pouvoir guérisseur de la nature.

Le tonus est en baisse, les énergies circulent mal, la conception d'un enfant est difficile.
Un problème de santé ne doit pas être négligé. Une personne s'illusionne sur un soignant ou une thérapeutique. Elle est coupée de la réalité.

L'ENSEIGNEMENT SPIRITUEL DE POUCETTE - CŒUR ÉPANOUI

Se laisser glisser au cœur de la fleur comme dans une coupe sacrée, célébrer tous les moments passés au milieu des êtres de la nature, recevoir leur enseignement avec reconnaissance… **Poucette - Cœur épanoui** nous fait entrer dans un monde de beauté et de grâce où les règnes sont interreliés et pourtant libres. Frou-frou soyeux des pétales, pépiement de l'hirondelle, scintillement du diamant au front, tout concourt à nous ouvrir à des perceptions nouvelles, profondes et subtiles.
L'être qui a entamé sa quête intérieure avec **Il était une fois…** est arrivé au terme de son voyage. Il peut enfin prendre sa place depuis le cœur de lui-même et, en s'unissant aux puissances bienfaisantes de la nature, goûter pleinement l'épanouissement de son âme.

C'est la partie de nous qui goûte la douceur d'Être, au travers de ses liens avec la nature.

Épanouissement, confiance, détente, équilibre souple, harmonie, bienveillance, simplicité, intuition, créativité, poésie, beauté, vacances, bonheur, nature guérisseuse.

Naïveté, puérilité, laisser-aller, faiblesse, inaction, indifférence, ennui, indolence, irréalisme, déresponsabilisation, être coupé de sa nature.

ASSOCIATIONS DE CARTES

✦ Avec **26. Transformation**, vous vous abandonnez en confiance aux changements qui se produisent en vous ; vous vivez dans votre monde et ne voyez pas que votre partenaire évolue.

✦ Avec **30. Amitié - Lien**, vous passez un moment de détente pure avec des amis ; vous composez pour un quatuor.

✦ Avec **32. Trésor**, vous vous ouvrez à la richesse de votre nature profonde ; vous refusez de partager votre savoir sur la nature.

Chapitre 3

Les tirages

Effectuer des tirages avec cet oracle vous permettra d'entrer pleinement dans l'univers des contes pour profiter de leurs conseils, faire une prévision, cerner une situation ou apprendre à mieux vous connaître. Si vous êtes dans une démarche d'évolution, vous bénéficierez de toute la richesse de leur enseignement spirituel.

DÉCOUVREZ LES CARTES DE L'ORACLE ENCHANTÉ DES CONTES DE FÉES

Prenez les cartes en main et observez-les, notez celles qui vous plaisent ou vous inquiètent. Remarquez celles où vous vous retrouvez, celles où vous aimeriez figurer, les objets ou les personnages qui vous frappent… **Loup** vous attire-t-il ou vous dérange-t-il ? Avez-vous envie de manier la **Baguette magique** ? Être au cœur de **Forêt profonde** vous inquiète-t-il ? Vous identifiez-vous à la **Sorcière**, à la sirène de **Sous la mer**, à l'**Ogre**… ?

Les significations des cartes sont détaillées dans ce livre, mais vous pouvez les compléter ou les modifier en fonction de vos ressentis, de votre histoire personnelle ou du rapport que vous entretenez avec les contes si ceux-ci ont bercé votre enfance.

TIREZ LES CARTES AU MIEUX, METTEZ TOUTES LES CHANCES DE VOTRE CÔTÉ

Placez-vous dans un endroit calme, où vous vous sentez à l'aise. Si vous faites le tirage pour une autre personne, faites en sorte de créer un moment d'intimité afin de la mettre en confiance.

Évitez de vous faire un tirage sur un sujet qui vous stresse, vous ne feriez que nourrir vos inquiétudes. Demandez plutôt de l'aide à une

personne neutre. De même, abstenez-vous de tirer les cartes à un proche si vous craignez de devoir lui annoncer une mauvaise nouvelle.
Utilisez un support uni pour ne pas créer de conflit visuel avec les illustrations des cartes.

L'OBSERVATION ET L'INTUITION, DES GUIDES D'INTERPRÉTATION

Un tirage avec une seule carte est généralement simple à décrypter, mais au-delà vous devrez faire dialoguer les lames entre elles afin de construire l'histoire qui soutiendra votre interprétation. Pour cela, vous pouvez vous référer aux explications qui sont données dans cet ouvrage, mais aussi vous appuyer sur l'observation et l'intuition.

Inspirez-vous de ***Petits cailloux****… et observez les détails des images*

Comme Poucet suivant ses petits cailloux, vous trouverez votre propre chemin d'interprétation en notant les éléments qui se retrouvent d'une carte à l'autre. Suivez les bottes ou les chaussures, remarquez les tas d'or, intéressez-vous aux horloges, aux oiseaux, aux lunes, soulevez les tentures… et reliez-vous aux fleurs qui parsèment les cartes.

Notez par exemple que le château de **Rose d'épine** sort de son enfermement et se retrouve en majesté dans **Château**, ou plus discret dans **Sous la mer.**

Voyez que le dragon de **Trésor** se réveille et libère toute sa puissance dans **Dragon - Adversaire**, que le feu douillet de **Foyer** devient **Cendres** ou explose dans **Dragon - Adversaire**. Demandez-vous si la jeune fille de **Cendres** va enfourcher son balai et sortir de son univers clos pour devenir **Sorcière**, si la pomme empoisonnée de Blanche-Neige figure dans **Table dressée…** Une des grenouilles de **Paroles** est-elle en train de devenir le prince charmant de **Transformation** ?
En laissant libre cours à votre créativité, votre interprétation gagnera en profondeur et en justesse.

Suivez les contes

Si plusieurs cartes d'un tirage évoquent un même conte, vous pouvez vous appuyer sur ce dernier pour faire ou parfaire votre interprétation. Citons par exemple :

- Le Petit Chaperon rouge : **Loup**, **Forêt profonde**, **Chasseur - Sauveur**
- Le Petit Poucet : **Ogre**, **Forêt profonde**, **Petits cailloux**, **Bottes de sept lieues**
- Blanche-Neige : **Miroir magique**, **Chasseur - Sauveur**, **Réveil**
- La Belle au Bois dormant : **Rouet**, **Rose d'épine**
- Cendrillon : **Cendres**, **Fée**, **Avant minuit**, **Prince et princesse**

Vous pourrez aussi retrouver d'autres contes ou recombiner des cartes pour inventer votre propre histoire.

Entrez dans la carte

Imaginez-vous à l'intérieur de la carte. L'endroit où vous vous placez et les émotions que vous ressentez en disent long sur vous ou sur la situation que vous traversez. En voici quelques exemples :
Êtes-vous à l'intérieur de **Haute tour**, au sommet, ou à son pied ?

Allez-vous participer au banquet de **Table dressée**, ou le regardez-vous de l'extérieur ? Si oui, avez-vous envie de vous y inviter ?
Désirez-vous saisir la **Clef** ou la **Baguette magique ?** Pour quel usage ?
Chasseur - Sauveur vous barre-t-il le passage ou vient-il vous secourir ?
Êtes-vous le musicien de **Joueur de flûte**, faites-vous partie de la foule ou des observateurs du premier plan ?

Positives ou négatives ?

Dans cet oracle, toutes les cartes peuvent être positives ou négatives à l'instar de la **Baguette magique**, cet instrument du pouvoir qui fait advenir le meilleur comme le pire. Ainsi, **Bottes de sept lieues** évoque la rapidité ou la précipitation, **Sous la mer** parle d'intuition ou de vulnérabilité… Mais quelle interprétation privilégier lors d'un tirage ?
Certains d'entre eux, comme le tirage en croix (voir page 248), proposent des conventions d'interprétation à ce sujet. Dans ce dernier, où toutes les lames sont à l'endroit, la carte en position 1 est interprétée positivement par rapport à la question et la carte en position 2 négativement. La quatrième carte, la réponse, s'interprète en fonction du contexte global du tirage.
Quand un tirage précise que les cartes peuvent être tirées à l'endroit ou à l'envers, les premières seront interprétées en « pour » et les secondes en « contre ».

Réussir vos tirages

Mélangez toutes les cartes faces cachées en pensant à votre question puis, en fonction du tirage que vous aurez choisi, tirez au hasard le nombre de cartes demandé.
Quand il est indiqué que les lames doivent s'interpréter à l'endroit, prenez soin de les mettre toutes dans le bon sens avant de les mélanger et de les retourner. Sinon, vous pouvez les brasser en tous sens avant de procéder au tirage.

Posez des questions simples, positives et sans alternative (*Mon projet va-t-il réussir ?* plutôt que *Vais-je échouer dans ce projet ?* ou que *Mon projet va-t-il réussir ou pas ?*) Si vous hésitez entre deux options, faites un tirage différent, même succinct, pour chacune d'elles.

Si l'une des cartes vous semble obscure, floue ou ambiguë, vous pouvez la recouvrir d'une autre, également tirée au hasard, pour plus de précision.
De même, si une carte interprétée négativement (voir paragraphe précédent) vous inquiète ou vous intrigue, vous pouvez tirer une lame supplémentaire qui servira de conseil.

TIRAGE À UNE CARTE (Carte à l'endroit ou à l'envers)

Tirer une seule carte permet d'obtenir une réponse rapide et synthétique à une question.
Pour chaque question, deux exemples de tirages sont proposés ci-après.

✦ *Affectif*

Comment va se dérouler ce dîner en tête à tête ?

25. Ogre : vous partagerez un repas copieux avec une personne débordante d'affection.

11. Miroir magique (à l'envers) : il sera difficile d'avoir un échange sincère avec un être qui n'est que dans l'apparence.

Après une grosse crise, notre couple va-t-il retrouver un équilibre ?

3. Paroles : vous pourrez renouer un dialogue et échanger sur l'avenir de votre relation.

12. Avant minuit (à l'envers) : il paraît difficile, mais pas impossible, de récupérer la relation qui a atteint un point de bascule.

Vais-je pouvoir acquérir la maison de mes rêves ?

24. Cheminement : vous êtes en bonne voie de réaliser votre idéal.

9. Haute tour (à l'envers) : c'est possible, mais vous risquez de vous y enfermer et de perdre contact avec l'extérieur.

✦ *Professionnel*

Comment va se dérouler mon entretien d'embauche ?

17. Fée : vous aurez un bon contact avec une personne bienveillante, vous pourrez bénéficier d'un coup de chance.

16. Dragon - Adversaire (à l'envers) : l'ambiance sera inutilement agressive, très compétitive.

Vais-je obtenir les subventions demandées ?

35. Sous la mer : vous saurez vous adapter à votre interlocuteur et aurez l'intuition de ce qui pourra le convaincre.

7. Bottes de sept lieues (à l'envers) : à vouloir aller trop vite, vous risquez de faire des erreurs de communication et de compromettre vos chances de réussite.

Vais-je bientôt trouver un emploi ?

2. Rose d'épine : les démarches que vous avez entreprises porteront leurs fruits, mais plus tard que vous l'espérez.

1. Il était une fois… (à l'envers) : votre inexpérience vous dessert pour les postes que vous briguez.

✦ *Forme*

Vais-je retrouver le moral ?

21. Amour vrai : vous appuyer sur un amour profond et partagé vous redonnera le sourire.

23. Forêt profonde (à l'envers) : vous resterez encore un temps à la merci de vos angoisses.

Vais-je guérir de mes allergies ?

22. Couleur du temps : elles vont partir comme elles sont apparues si vous cessez de vous focaliser sur certains problèmes.

27. Petits cailloux (à l'envers) : votre médecin actuel est désorienté par la complexité de votre cas.

Vais-je bientôt avoir un enfant ?

36. Poucette - Cœur épanoui : oui, la période est propice à un épanouissement créatif.

6. Croisée des chemins (à l'envers) : est-ce vraiment ce que vous désirez en ce moment ?

TIRAGES À DEUX CARTES

Tirage de la méchante sorcière et de la bonne fée (Cartes à l'endroit)

Vous pouvez être à la fois votre sorcière, votre pire ennemie, celle qui vous souffle de mauvais conseils, ou votre bonne fée, qui vous soutient avec bienveillance et contrecarre la malédiction de la sorcière. Ce tirage aide à cerner votre comportement devant un sujet qui vous concerne.

La première carte représente les défauts ou les attitudes qui vous empêchent d'aller dans le sens de vos intérêts
La seconde carte montre les qualités et les atouts sur lesquels vous pouvez vous appuyer pour atteindre vos objectifs.

6. Croisée des chemins : l'indécision vous empêche de faire un choix et d'avancer sur un sujet;
32. Trésor : mais au fond de vous, vous savez ce qui a vraiment de la valeur pour vous.

3. Paroles : vous n'arrivez pas à nouer un dialogue constructif avec un proche;
31. Clef : pourtant, vous êtes capable de vous détacher des histoires du passé pour permettre à la relation de franchir un nouveau cap.

25. Ogre : votre comportement en société manque parfois de retenue;
5. Village - Cité : mais vous avez conscience qu'il est de votre intérêt de vous adapter aux codes de la vie en collectivité.

Derrière le miroir (Cartes à l'endroit ou à l'envers)

Ce tirage vous permet d'avoir accès à la réalité d'une personne au-delà de ce qu'elle donne à voir.

La première carte, « Devant le miroir », montre comment la personne se présente au monde.
La seconde carte, « Derrière le miroir », révèle qui elle est vraiment.

16. Dragon - Adversaire : elle apparaît combative et volontaire;
35. Sous la mer (à l'envers) : en réalité, elle est vulnérable et peu structurée.

22. Couleur du temps (à l'envers) : elle est instable et lunatique;
26. Transformation : elle traverse une période d'importants changements intérieurs.

30. Amitié - Lien : elle semble amicale et désireuse de vous soutenir dans vos projets;
5. Village - Cité (à l'envers) : elle cherche surtout à se faire du réseau.

TIRAGES À TROIS CARTES

Le Cheminement : passé – présent – futur (Cartes à l'endroit ou à l'envers)

Ce tirage inscrit une question dans le temps.

Pour éclaircir ou approfondir le tirage, il est possible de recouvrir une des cartes par une lame supplémentaire (à l'endroit), également tirée au hasard.

Après une difficile rupture, vais-je retrouver un équilibre avec la personne que je viens de rencontrer ?

35. Sous la mer (à l'envers) : cette séparation vous a fait plonger dans une déprime, et a décuplé votre sensibilité. Pourtant, la relation avait probablement été idéalisée.
2. Rose d'épine : votre cœur est encore en hiver, il faut laisser ce nouveau sentiment s'éveiller doucement en vous.
4. Château : cette nouvelle relation va prendre plus d'assise, s'inscrire dans la durée. Elle vous apportera beaucoup d'équilibre et de sécurité.

Je me suis séparée de mon compagnon, mais nous habitons toujours ensemble. Comment cela va-t-il évoluer ?

30. Amitié - Lien (à l'envers) : ses amis ont toujours été un problème pour votre couple, ils ont accentué les dissensions entre vous.
28. Cendres : la relation semble terminée malgré quelques résurgences sensuelles.
4. Château : un bien immobilier en commun risque de vous enfermer dans cette situation. Elle est recouverte par **7. Bottes de sept lieues**, vous partirez sans problème quand vous le jugerez nécessaire.

Vais-je réussir à recadrer mon enfant qui dépasse les limites ?

17. Fée (à l'envers) : vous avez toujours cédé trop facilement pour lui faire plaisir et éviter les conflits.
16. Dragon - Adversaire : maintenant l'ambiance est très agressive et vous êtes au pied du mur. Vous allez devoir vous positionner fermement.
8. Chasseur - Sauveur : vous prendrez une décision forte pour sauver la situation. Elle est complétée par **20. Réveil** : ce passage difficile vous soulagera en vous libérant de vos anciens fonctionnements.

Tirage du trésor, du dragon et de la baguette magique (Cartes à l'endroit)

Ce tirage peut être effectué sans question.

La première carte représente votre trésor, les capacités nécessaires pour faire face à une situation, mais qui sont encore enfouies en vous.
La deuxième carte est votre dragon intérieur, image des blocages qui vous empêchent d'y accéder pleinement.
La troisième carte, votre baguette magique, montre les qualités que vous pouvez déployer pour apprivoiser le dragon et atteindre votre trésor.

13. Mort marraine : il faut trouver le courage de mettre fin à une relation ou une situation qui n'a plus lieu d'être.
18. Foyer : votre besoin de sécurité vous retient.
15. Loup : vous pouvez vous appuyer sur votre volonté et la conscience qu'il est de votre intérêt d'agir dans ce sens.

11. Miroir magique : vous devez être plus lucide sur vous-même.
8. Chasseur - Sauveur : mais vous craignez d'affronter une réalité qui vous obligerait à faire des choix radicaux.
19. Prince et princesse : le besoin de faire toute la lumière sur certaines situations vous y aidera.

20. Réveil : il est nécessaire de mobiliser toute votre énergie pour vous libérer d'un carcan.
12. Avant minuit : vous êtes sur le point d'y arriver, mais quelque chose vous retient encore.
28. Cendres : découvrir ce qui est vraiment essentiel à votre vie et votre évolution vous aidera à passer ce cap.

TIRAGE EN CROIX (Cartes à l'endroit)

C'est un grand classique, assez simple et très efficace pour répondre à une question.

La carte en position 1 représente le pour, ce qui va dans le sens de la question.
La carte en position 2 figure le contre, ce qui s'y oppose. Il peut s'agir de blocages extérieurs ou intérieurs.
La carte en position 3 montre ce qui domine le tirage.
La carte en position 4 donne la réponse.
La dernière carte, en position 5, offre une synthèse du tirage.

Si nécessaire, certaines cartes peuvent être recouvertes par une lame supplémentaire (à l'endroit), tirée au hasard, qui en précise le sens ou apporte un conseil.

Vais-je pouvoir me libérer d'une relation de couple très conflictuelle ?

27. Petits cailloux : vous savez que vous êtes maintenant capable de trouver une issue à cette situation pénible.
6. Croisée des chemins : mais vous hésitez encore à prendre une décision.
26. Transformation : votre regard sur l'amour et la sexualité change, il devient plus adulte.
3. Paroles : participer à un groupe de parole vous encourage à mettre les choses au point au sein de votre couple.
31. Clef : vous prendrez votre destin en main en osant vous dégager du passé. Elle est recouverte par **29. Sorcière** : vous retrouverez votre indépendance, quitte à déplaire à votre entourage.

Quel est l'avenir de mon commerce ?

36. Poucette - Cœur épanoui : vous avez conçu un lieu harmonieux, très apprécié des clients qui partagent vos valeurs de cœur.
18. Foyer : mais il reste trop confidentiel et seulement fréquenté par un petit noyau d'intimes. Elle est recouverte par **8. Chasseur - Sauveur** qui conseille de mener une action forte pour changer cet état de fait.
28. Cendres : vos bénéfices sont insuffisants, mais tout espoir n'est pas perdu.
12. Avant minuit : vous êtes à un point de bascule économique, il faudra bientôt prendre une décision.
2. Rose d'épine : mais vous avez besoin de temps pour la mûrir. Une carte supplémentaire **1. Il était une fois…** montre un nouveau départ sur un concept neuf, probablement dans un lieu différent.

Comment va se passer ma reconversion professionnelle ?

3

1

5

2

4

24. Cheminement : vous avez fait un choix qui vous ressemble et suit votre évolution personnelle.
10. Rouet - Cycle : mais si vous n'apprenez pas à tirer parti de vos expériences, vous risquez de retrouver les mêmes problèmes que dans votre emploi précédent.
1. Il était une fois… : cette reconversion vous permet de porter un regard neuf et enthousiaste sur la vie professionnelle.
19. Prince et princesse : ce sera une réussite, vous pourrez faire pleinement valoir vos qualités.
35. Sous la mer : vous saurez tirer parti de votre sensibilité, de votre créativité et de vos facilités d'adaptation.

QUELQUES PISTES SUPPLÉMENTAIRES D'INTERPRÉTATION

✦ *Les cartes qu'il est préférable de recouvrir quand elles sortent en réponse à une question :*

2. Rose d'épine, 6. Croisée des chemins, 22. Couleur du temps, 35. Sous la mer

✦ *Les cartes des passages de vie :*

6. Croisée des chemins, 10. Rouet, 12. Avant minuit, 13. Mort marraine, 26. Transformation, 31. Clef

✦ *Les cartes des éléments :*

Terre : **4. Château**
Air : **17. Fée**
Eau : **35. Sous la mer**
Feu : **16. Dragon - Adversaire**
Espace : **22. Couleur du temps**

✦ *Les cartes des sens :*

L'ouïe : **35. Sous la mer** (silence) *versus* **3. Paroles** ou **30. Amitié - Lien**
Le regard : **11. Miroir magique, 26. Transformation** *versus* **2. Rose d'épine** (yeux fermés)
L'odorat : **36. Poucette - Cœur épanoui** et toutes les fleurs des cartes
Le toucher : **21. Amour vrai** *versus* **9. Haute tour**
Le goût : **34. Table dressée** *versus* **25. Ogre** ou **28. Cendres**

✦ *Les cartes du rapport au temps :*

Les regrets du passé : **28. Cendres** et parfois **18. Foyer**
Un moment suspendu : **12. Avant minuit**
Jouir de l'instant présent : **34. Table dressée**
Vivre dans le futur : **7. Bottes de sept lieues**
Se laisser aller à ce qui vient : **22. Couleur du temps**
Période anniversaire… : **10. Rouet**
Et toutes les cartes où figure une horloge.

✦ *Les cartes du rapport à la nourriture :*

Dévoration : **15. Loup** (avec stratégie), **25. Ogre** (sans retenue)
Gourmandise : **34. Table dressée**
Cuisine familiale : **18. Foyer**
Ascétisme : **2. Rose d'épine, 28. Cendres**

✦ *Les cartes de la vie relationnelle :*

Partenariat : **3. Paroles, 19. Prince et princesse**
Relation miroir : **11. Miroir magique**
Fusion : **21. Amour vrai, 35. Sous la mer**
Opposition : **3. Paroles, 16. Dragon - Adversaire, 29. Sorcière**
Rapport au groupe : **5. Village - Cité** (social), **18. Foyer** (familial), **30. Amitié - Lien** (amical)
Combat en face à face : **16. Dragon - Adversaire**
Affrontement dissimulé : 15. Loup

✦ *Les cartes de l'amour et des sens :*

Amour : **11. Miroir magique** (narcissique), **16. Dragon - Adversaire** (passionné), **21. Amour vrai**
Sensualité : **34. Table dressée, 35. Sous la mer**
Sexualité : **8. Chasseur - Sauveur, 15. Loup, 31. Clef, 29. Sorcière**

✦ *Autres thèmes :*

Introversion : **2. Rose d'épine, 18. Foyer, 28. Cendres, 32. Trésor, 35. Sous la mer**
Extraversion : **3. Paroles, 5. Village - Cité, 7. Bottes de sept lieues, 19. Prince et princesse, 33. Joueur de flûte**
Rapidité : **7. Bottes de sept lieues, 10. Rouet - Cycle, 20. Réveil**
Lenteur : **2. Rose d'épine, 4. Château, 18. Foyer, 35. Sous la mer**

Ouverture : **6. Croisée des chemins, 7. Bottes de sept lieues, 20. Réveil, 22. Couleur du temps, 30. Amitié - Lien, 31. Clef, 36. Poucette - Cœur épanoui**
Fermeture : **2. Rose d'épine, 4. Château, 9. Haute tour, 18. Foyer, 23. Forêt profonde, 31. Clef**
Souplesse : **14. Baguette magique, 22. Couleur du temps, 26. Transformation, 35. Sous la mer, 36. Poucette - Cœur épanoui**
Raideur : **4. Château, 9. Haute tour**

BIBLIOGRAPHIE

Hans Christian Andersen, *Poucette et autres contes*. Éd. Le livre de poche jeunesse, 1979, 2003

Jacob Grimm, Wilhelm Grimm, *Les Contes 1 et 2*. Éd. Flammarion, 1986

Annie Collognat et Marie-Charlotte Delmas (édition établie et présentée par), *Les Contes de Perrault dans tous leurs états*. Éd. Omnibus 2007

Bruno Bettelheim, *Psychanalyse des contes de fées*. Éd. Robert Laffont 1976, 2003

Bernadette Bricout, *La Clé des contes*. Éd. du Seuil, 2005

Guy Corneau, *N'y a-t-il pas d'amour heureux ?*. Éd. Robert Laffont, 1997, 2003

Philippe Deroide, *Les Élixirs floraux européens*. Éd. Le Souffle d'or, 2007

Anne-Marie Garat, *Une faim de loup*. Éd. Actes sud, 2004

Maurice Guinguand, *L'Ésotérisme des contes de fées*. Éd. Robert Laffont, 1982

Francis Lacassin (textes choisis et présentés par), *Si les fées m'étaient contées…* Éd. Omnibus, 2003

François Lelord et Christophe André, *Comment gérer les personnalités difficiles*. Éd. Odile Jacob, 2000

Monique A. Piettre, *Au commencement était le mythe…* Éd. Desclée De Brouwer, 1968

Olivier Piffault (catalogue d'exposition sous la direction de), *Il était une fois… les contes de fées*. Bibliothèque nationale de France, 2001

Virginie Rott, *Cheminer avec les esprits de la nature*. Éd. Véga, 2021

Virginie Rott, *Fleurs de lune*. Éd. Secret d'étoiles, 2021, ainsi que ses merveilleux et très inspirants enseignements : www.conscience-reliance.fr

Antoine de Saint-Exupéry, *Lettres à l'inconnue*. Éd. Gallimard, 2008

Marc Soriano, *Les Contes de Perrault, culture savante et traditions populaires*. Éd. Gallimard 1968

INDEX DES CONTES CITÉS